Nano McCaughan / Barry Palmer

Leiten und leiden
Systemisches Denken für genervte Führungskräfte

Nano McCaughan / Barry Palmer

Leiten und leiden

Systemisches Denken für genervte Führungskräfte

borgmann

Das Buch erschien 1994 unter dem Titel *Systems Thinking for Harassed Managers* bei Karnac Books, London (vertreten durch: Cathy Miller Foreign Rights Agency, London). Alle Rechte vorbehalten.

Aus dem Englischen übersetzt von Brigitte Eckert und Jürgen Hargens

© 1996 borgmann publishing GmbH, D-44139 Dortmund

3. Aufl. 2001
Gesamtherstellung: Löer Druck GmbH, Dortmund

Bestell-Nr. 8372　　　　　　　　　　　　　　ISBN 3-86145-148-4

Urheberrecht beachten!
Alle Rechte der Wiedergabe, auch auszugsweise und in jeder Form, liegen beim Verlag. Mit der Zahlung des Kaufpreises verpflichtet sich der Eigentümer des Werkes, unter Ausschluß des § 53, 1-3, UrhG., keine Vervielfältigungen, Fotokopien, Übersetzungen, Mikroverfilmungen und keine elektronische, optische Speicherung und Verarbeitung, auch für den privaten Gebrauch oder Zwecke der Unterrichtsgestaltung, ohne schriftliche Genehmigung durch den Verlag anzufertigen. Er hat auch dafür Sorge zu tragen, daß dies nicht durch Dritte geschieht.

Zuwiderhandlungen werden strafrechtlich verfolgt und berechtigen den Verlag zu Schadenersatzforderungen.

Inhalt

Zum Geleit	9
Vorwort zur deutschen Ausgabe	11
Einleitung	
Unser Ziel	15
Woher wir kommen	17
„Änderung ohne Chaos?"	18
Die Fallbeispiele	19
Kapitel 1	
Sich im Kreise drehen	21
Eine „schwierige" Person	23
Wann ist ein Team kein Team?	25
Systemisches Denken	26
Lineare und zirkuläre Prozesse	28
Organisationen	30
Organisationen als Systeme	31
Konflikt und Zusammenarbeit	34
Kapitel 2	
Was ist das Problem?	37
Fallen	38
Harte und weiche Probleme	40
Funktionsstörungen	40
Probleme werden gemacht und nicht geboren	42
Dynamische Komplexität	42
Probleme entproblematisieren	43
Der Anfang	45
Die Spannung zwischen Zuhören und Intervenieren	47
Kapitel 3	
Die richtigen Fragen stellen	49
Zuhören und Klären	49
Systemisches Fragen	53
Zirkularität eingeben	54
Muster eingeben	56
Bedeutung erkunden	59
Verdeckte Regeln erkunden	64

Die Zeitdimension erkunden	64
Fragetypen	65
Zwischen Scylla und Charybdis	70

Kapitel 4
Hypothesen konstruieren 73
- Einführung 73
- Was ist eine Hypothese? 76
- Hypothetisieren und Neugier 77
- Lineare und zirkuläre Hypothesen 78
- Positives Feedback und Schismogenese 80
- Negatives Feedback 83
- Komplexere Feedback-Muster 85
- Regeln aussprechen 86
- Neue Geschichten anstelle der alten 88
- Umdeuten 89
- Positive Konnotation 91
- Mit Hypothesen arbeiten 92

Kapitel 5
Einen neuen Kurs finden 101
- Paradox 101
- Die verdeckte Logik ansprechen 102
- Direkte Interventionen 103
- Paradoxe Interventionen 107
- Nach einem Ansatzpunkt suchen 114
- Den Klagenden mit einbeziehen 116

Kapitel 6
Theoretisches Postskriptum 119
- Identität und Änderung der Organisation 119
- Paradox 123
- Unbewußte Prozesse im Leben von Organisationen 128
- Systemische Archetypen 132
- Das Dilemma aufzeichnen 136

Anhang
Wie wir Kursteilnehmer in die systemische Praxis einführen 141
- Teilnehmer 141
- Die Konsultationsübung 141
- Einführende Sitzungen 144
- Theorie-Sitzungen 145
- Andere Lern-Methoden 146

Prüfen, was gelernt wurde	148
Abschluß	150

Literatur 151

Personenverzeichnis 155

Sachverzeichnis 157

Zum Geleit

Das Buch von McCaughan und Palmer geht ein wichtiges gesellschaftliches Thema an – Führen und Leiten von Menschen in Unternehmen. Dabei zieht sich wohltuend durch das ganze Buch die Idee der *Bescheidenheit* – McCaughan und Palmer sind sich sicher, daß sie etwas Gutes anzubieten haben, aber sie verzichten darauf, das, was sie anbieten, als das „allein seligmachende Mittel" anzupreisen.

Sie lassen die Leser stattdessen teilhaben an ihrer Praxis – daran, wie sie versuchen, komplexe organisatorische Zusammenhänge und deren Verwobensein mit individuellen und sozialen Prozessen so zu beschreiben, daß Handlungsoptionen erkennbar und möglich werden.

„Leiten und Leiden" faßt für mich sehr schön zusammen, was Führungskräfte in ihrem Alltag erwartet, womit sie sich auseinandersetzen müssen und was oft das berufliche Handeln mehr bestimmt als die Ziele der Organisation, des Unternehmens.

Mit ihrer Vorstellung systemischer Konzepte bereiten McCaughan und Palmer den Boden, „andere" Denkmuster anzuwenden und zu nutzen, um den beruflichen Alltag besser, angemessener und befriedigender zu gestalten. Sie machen aber unmißverständlich deutlich, daß „systemisches Denken und Handeln" kein Allheilmittel ist, keine „Medizin für alle Fälle". Eindringlich und nachdrücklich weisen sie darauf hin, daß dieses Vorgehen sich immer dann als besonders wirksam erweist, wenn das Verhaltensrepertoire ausgeschöpft ist, wenn scheinbar keine Möglichkeiten mehr bestehen.

Dieses „Wunder" kann nur deshalb eintreten, weil systemisches Denken sich anderer Ideen von Wirklichkeiten bedient – der Verzicht auf lineare, eindeutige Ursache-Wirkungs-Abläufe, das Aufgeben der Idee von und des Glaubens an eine objektive und richtige Wirklichkeit und ein *Anerkennen zirkulärer Prozesse*. Das klingt zunächst ungewohnt, teilweise vielleicht sogar beängstigend. McCaughan und Palmer können aber mit den vielen Beispielen aus ihrer Praxis zeigen, wie sich aus Unsicherheit und Verwirrung neue – und effektive – Betrachtungsweisen und Handlungsmöglichkeiten ergeben.

Gerade die Betonung der *Rückkoppelungsschleifen – Feedback-Muster –*, die Verhalten in Organisationen oder anderen sozialen Gruppen entscheidend beeinflussen und regeln, eröffnet interessante und anregende Perspektiven, Verhalten „anders" zu sehen, die wechselseitige Beeinflussung anzuerkennen und die Stabilität von Organisationen zu schätzen. McCaughan und Palmer bieten viele solcher Konzepte an, die helfen können, eigene Grundannahmen zu hinterfragen, infrage zu stellen und zu schauen, was sich daraus entwickeln kann (und nicht unbedingt: muß).

Verzichten wir bei der Beschreibung von Organisationen und der in ihnen arbeitenden Menschen auf einseitige, lineare Muster dann werden solche Wechselwirkungen erkennbar, dann kann scheinbar sinnloses und ineffektives Verhalten eine ganz andere Bedeutung für das Funktionieren eines komplexen Ganzen (Team, Arbeitsgruppe, Organisation) bekommen.

Mit genau dieser Form der Darstellung – klare Beschreibung der Grundlagen, praktische Beispiele aus der eigenen Praxis und Offenlegung ungelöster Fragen – tragen McCaughan und Palmer weiter zu einer Entmystifizierung systemischen (rekursiven) Denkens bei. Dabei kommen spielerische Elemente, Humor und Leichtigkeit zum Vorschein – alles Elemente, die sich nicht so leicht mit Leiden verbinden lassen, das Leiten aber erleichtern können.

Meyn, im Oktober 1995 *Jürgen Hargens*

Vorwort

zur deutschen Ausgabe

Wir freuen uns, daß wir die deutsche Ausgabe von *„Leiten und Leiden. Systemisches Denken für genervte Führungskräfte"* einleiten können. Die englische Originalausgabe erschien erst im Sommer 1994 in Großbritannien und jetzt steht das Buch schon deutschen Lesern zur Verfügung. Wir danken Jürgen HARGENS und seinen Kollegen von *projekt: system* für ihre Initiative, dieses Buch bekanntzumachen sowie Cesare SACERDOTI von *Karnac Books* für seine umgehende positive Reaktion.

Seit das Buch erschienen ist, stieg die Nachfrage nach unseren Workshops, so daß wir mittlerweile etliche mehr durchgeführt haben. Auch die Gruppe der Teilnehmer ist breiter geworden: kamen sie anfangs aus dem Bereich der Gesundheits- und Wohlfahrtseinrichtungen, so kommen sie jetzt auch aus dem Management- und Konsultationsbereich.

Wir verfeinern das Vorgehen in unseren Workshops fortlaufend, aber wir haben das hier beschriebene Modell nicht wesentlich verändert. Wir haben einige neue Übungen entwickelt. In einer – zum Thema Intervention (S. 101ff) – interviewen Kursteilnehmer einen Partner über eine persönliche schlechte Angewohnheit, die er nicht aufgeben konnte und erarbeiten dann direkte oder paradoxe Interventionen, die entworfen werden, damit er „die schlechte Angewohnheit wegtreten" kann.

Wir sind uns auch über die effektivste Form des „Wieder-Erzählens" klarer geworden (S. 74ff). Wie wir schreiben, war unsere erste Idee einfach die, daß es helfen würde, wenn die Konsultanten anfangen, an der problematischen Situation, die ihnen beschrieben wird, zu arbeiten, indem sie einen oder zwei Sätze aufschrieben, die das Wesentliche der Situation, so wie sie sie sahen, zusammenfaßte. Unser Ziel bestand darin, ihnen zu helfen, die Form der Geschichte, die in ihrem Kopf Gestalt anzunehmen begann, auszudrücken. Wir haben inzwischen entdeckt, daß die kreativste Möglichkeit darin besteht, sie einzuladen, das, was sie gehört haben, in Form eines Mythos, eines Märchens oder einer Metapher wieder zu erzählen. Sie sagen vielleicht: „Das ist so wie bei Aschenputtel" oder wie die Arbeit eines Herkules oder wie bei David und Goliath. Und in Deutschland – wer weiß? (Das ist für uns eine nützliche Weise, in jeder Form von Konsultation voranzukommen: es ist nicht nur eine Übung für Workshops.)

Die vielleicht größte Herausforderung der Workshops besteht für uns gegenwärtig darin, für Fragen und Bedürfnisse der Teilnehmer weiterhin offen und interessiert zu bleiben und zu vermeiden, in eine Routine abzugleiten, die lediglich Methoden und Übungen wiederholt, weil sie das letzte Mal gut liefen – und so nicht mehr „an Veränderungen beteiligt" zu sein.

Unsere individuellen Interessen haben sich seit Erscheinen der englischen Ausgabe weiter entwickelt. Nano McCaughan ist zunehmend in einer Bewegung aktiv, die als *„Training for Transformation"* bekannt ist. Es ist eine Form experimentellen Trainings, das persönliches Bewußtsein, zwischenmenschliche Beziehungen und eine kritische Betrachtung sozialer Themen in einem holistischen Modell verbindet, das auf verantwortliches und gerechtes Handeln zielt. Es beruht auf der Arbeit von Paulo Freire, bezieht aber viele verschiedene Ansätze über Gruppenbeziehungen und Organisationsentwicklung mit ein.

Barry Palmer arbeitet weiter über die Bedeutung von Paradoxa, insbesondere über den Einsatz paradoxer Verschreibungen (S. 123ff) als eine Möglichkeit, Manager damit in Kontakt zu bringen, wie sie bei Verhaltensweisen bleiben, die kontra-produktiv sind, weil diese Verhaltensweisen eine der Möglichkeiten darstellen, durch die sie sie selber bleiben. Sie können nicht einfach auf einen Vorschlag, ihr Verhalten zu ändern, reagieren, weil ihr Verhalten sie selber ausmacht. Es ist, als würde man einen Leoparden bitten, seine Flecken zu ändern: wie kann er das tun, wenn Flecken eine Möglichkeit sind, ein Leopard zu sein? Der Manager kann deshalb nicht aus seiner gegenwärtigen Sackgasse „heraustreten", solange er nicht aufhört, sich mit diesem Verhalten zu identifizieren.

Wir sind uns bewußt, daß viele unserer Beispiele einen Teil ihrer Bedeutung aus dem Kontext britischer stationärer und ambulanter Einrichtungen beziehen. In einem deutschen Kontext mag die Bedeutung einiger Beispiele eine andere oder weniger klar sein. Wir denken aber, daß dies keine entscheidende Schwierigkeit darstellt. Unsere Absicht besteht darin, eine Methode zu beleuchten und nicht, definitive Interpretationen von Führungssituationen zu geben. Unsere Position ist tatsächlich die, daß es keine definitiven Interpretationen von Führungssituationen gibt. Wenn einem deutschen Publikum deutlich wird, daß unsere Beschreibung der vorgestellten Situationen von unserem britischen Kontext geformt wurde, erkennt es einige der wesentlichen Fragen, die wir mühevoll aufzuhellen versuchen.

Wir hoffen, daß dieses Buch für ein deutsches Publikum interessant ist und wir freuen uns über jeden Kommentar – auch was den transkulturellen Aspekt oder andere Aspekte unserer Arbeit betrifft.

März 1995

Nano McCaughan
Barry Palmer

Einleitung

Unser Ziel

Mit diesem Buch wollen wir drei Dinge erreichen:

Wir möchten
1. die Elemente systemischen Denkens skizzieren, wie sie sich auf Organisationen anwenden lassen;
2. ein Vorgehen beschreiben, das auf systemischem Denken beruht, um Situationen in Organisationen zu thematisieren, die Ihnen Probleme bereiten;
3. Beispiele vorstellen, wie Manager dieses Vorgehen benutzt haben, wirkliche Situationen anzupacken, um Ihnen so einen Eindruck davon zu vermitteln, wie Sie selber auf diese Weise arbeiten können.

Die Beispiele stammen vorwiegend aus unserer Arbeit mit Managern in stationären und ambulanten Gesundheits- und Wohlfahrtsorganisationen in Großbritannien, viele davon aus unseren Workshops über systemisches Denken. Diese Konzepte systemischen Denkens werden aber auch in der Wirtschaft angewendet, in der Erziehung, in der Politik, der Armee, den Kirchen und anderen Formen von Organisationen in vielen Teilen der Welt.

Das Know-How, über das wir sprechen, läßt sich ohne Praxis nicht gewinnen – sei es die Praxis des Berufslebens oder von Trainings-Workshops. Dieses Buch enthält „gesagt, wie" anstelle von „gewußt, wie": es ist ein Versuch, das – notwendigerweise unvollständig – in Worte, Konzepte und Prinzipien zu fassen, was das erhellt, was Manager und Konsultanten tun, wenn sie einen systemischen Ansatz benutzen. Wir gehen auch davon aus, daß einige Leser dieses Buch dazu nutzen werden, das weiter zu entwickeln und besser zu verstehen, was sie bereits machen; andere werden sich davon anregen lassen, das Know-How in der Arbeit zu gewinnen und vielleicht an einigen Punkten auch im Rahmen eines formalen Trainings.

Wir wollen nicht versuchen, eine umfassende Darstellung von Management und Konsultation zu geben. Dies ist einfach ein Rahmen für Definieren, Analysieren, Intervenieren in und Lernen aus problematischen Situationen, die sich in unterschiedlichsten Konsultations-Beziehungen und -Bezügen nutzen lassen:

- ein Manager oder irgendjemand sonst, der einen Untergebenen, Kollegen oder ein sonstiges Mitglied der unmittelbaren Arbeitseinheit (oder eine Gruppe, ein Team oder ein Kommitte) berät;

- ein Manager oder irgendjemand sonst, der informelle Konsultation anbietet oder gebeten wird, dies für eine Person oder Gruppe außerhalb ihrer unmittelbaren Arbeitseinheit zu tun;

- ein ausgewiesener Konsultant, der in einer Organisation für ein Gehalt arbeitet, oder von außen gerufen wird und für ein Honorar oder kostenlos tätig wird;

- eine Gruppe von Kollegen, die sich treffen, um sich zu unterstützen und zu beraten, vielleicht als Ausdruck ihres Engagements, eine lernende Organisation zu sein oder zu werden,

- ein Manager, der versucht, eine problematische Situation zu ordnen, so daß er als Konsultant für sich selber handelt – entweder allein oder mit einer freundlichen Person als Resonanzboden.

Dieses Buch ist so aufgebaut, daß es den Abschnitten des Konsultations-Prozesses folgt, denen wir in unseren Workshops und – etwas freizügiger – in unserer alltäglichen Arbeit folgen. Wir beschreiben die Workshops im Anhang ausführlicher. Die wesentliche Tätigkeit ist eine Gruppen-Konsultation, wo ein Workshop-Teilnehmer dazu bereit ist, ein aktuelles Arbeitsproblem zur Analyse und Interpretation durch die anderen Teilnehmer vorzustellen, die als Konsultanten handeln. Die Phasen dieses Prozesses sind die folgenden:

1. *(Ab-)Klären:* die Natur des Problems verstehen, so wie es vom Manager gesehen und vorgestellt wird.

2. *(Be-)Fragen:* die Beschreibung der problematischen Situation durch den Manager untersuchen und entwickeln.

3. *Hypothetisieren:* Modelle eines Interaktionsmusters (er-)schaffen, die erklären, wie das Problemverhalten aufrechterhalten wird.

4. *Interventionen* vorschlagen: mögliche Handlungsverläufe entwickeln, um die problematische Situation zu lösen oder aufzulösen.

Wir beschreiben diese Phasen ausführlich in den Kapiteln 2 – 5. In Kapitel 1 stellen wir einige der grundlegenden Konzepte systemischen Denkens in seiner Anwendung auf Organisationen vor. In Kapitel 6 erweitern wir einige Schlüsselkonzepte, die wir in den vorangegangenen Kapiteln eingeführt haben.

Woher wir kommen

Unsere spezifische Neigung für systemisches Denken und seine Anwendung auf Organisationen spiegelt die Wege wider, die wir gegangen sind, um dieses Buch gemeinsam zu machen.

Nano MCCAUGHAN begann sich für systemisches Denken und Handeln zu interessieren, als sie bei einer kommunalen Behörde als Development Officer arbeitete. Sie hatte die Gelegenheit, mit einem Kinderpsychiater zu sprechen, der meinte, daß Neuerungen im familientherapeutischen systemischen Denken Verbindungen zur Gruppentheorie besaßen, die ihnen beiden bekannt war, aber auch neue und faszinierende Unterschiede mit sich brachten. Als Folge dieser Unterhaltung bot ihr der Psychiater an, an den wöchentlichen Sitzungen der Klinik, die einen halben Tag dauerten, teilzunehmen.

Sie nahm dieses Angebot begeistert an und blieb mehrere Jahre an dieser Klinik. In dieser Zeit schrieb sie sich für einen einjährigen, berufsbegleitenden Kurs am Institute for Family Therapy ein, wo sie auf eine Gruppe (geleitet von David CAMPBELL) traf, die sich mit dem Mailänder familientherapeutischen Ansatz, so wie er von SELVINI-PALAZZOLI, BOSCOLO, CECCHIN und PRATA und ihren Mitarbeitern entwickelt worden war, beschäftigten.

Barry PALMER hatte bis 1981, als er sich in das Abenteuer eines selbständigen Konsultanten stürzte, für das Grubb-Institut gearbeitet und zwar als Konsultant für Organisationen und als Mitglied einer Gruppe von Kollegen, die gemeinsam ihre Sachen erledigten. Er hatte als Mitarbeiter gewirkt und manchmal als Direktor einer ganzen Reihe von Workshops über Gruppenbeziehungen (genannt „Arbeitskonferenzen"), die sich auf dem Modell offener Systeme von Organisationen gründeten (s. Kapitel 1). Nano MCCAUGHAN war aufgrund ihrer ersten Ausbildung in Gruppenarbeit mit den Workshops über Gruppenbeziehungen in Berührung gekommen und hatte daran als Teilnehmerin und als Mitglied des Lehrkörpers teilgenommen.

Barry PALMERS erste Begegnung mit dem Mailänder Ansatz verlief über einen Kollegen, Bruce REED, der mit BOSCOLO, CECCHIN und BORWICK gearbeitet hatte, um systemische Konzepte in den Entwurf eines Management-Entwicklungs-Programms für ein internationales Unternehmen einzubringen (WYNNE, MCDANIEL & WEBER 1986, S. 423ff). Durch REED begann er, sich für Konzepte der positiven Konnotation und Umdeutung (s. Kapitel 4) zu interessieren. In der Praxis der Gruppenarbeit wurden restriktive und repetitive Verhaltensmuster in Gruppen oder Organisationen üblicherweise als Ausdruck unbewußter Abwehrmechanismen interpretiert. Der Mailänder Ansatz bot eine alternative Perspektive.

„Änderung ohne Chaos?"

In den frühen 80er Jahren begannen wir, gemeinsam Workshops für Manager durchzuführen, die anfangs auf dem Modell der Gruppenbeziehungen beruhten. Dann, 1985, entschlossen wir uns, die Teilnehmer in systemisches Denken einzuführen, so wie es in der Familientherapie entwickelt worden war, und es mit ihnen zu nutzen, ihre Organisationsprobleme zu entwirren. Zu dem Zeitpunkt, an dem wir dieses Buch schreiben, haben wir neun dieser Workshops *„Änderung ohne Chaos?"* durchgeführt. Wir machten uns Notizen über die Workshops, sehr unterschiedlich in ihrer Gründlichkeit, und erkannten irgendwann, daß unsere zunehmend umfangreicheren Unterlagen ein Buch ergeben könnten.

Beim Schreiben dieses Buches und beim Durchführen der Workshops haben wir uns auf Ideen und Erfahrungen vieler anderer Autoren und Praktiker gestützt – dazu gehören u.a. David CAMPBELL, der für uns anfänglich als Berater wirkte; Bruce REED und unsere ehemaligen Kollegen am Grubb Institut; Peter LANG und Martin LITTLE vom Kensington Consultation Centre; Humberto MATURANA und Karl TOMM, deren Seminare wir besuchten; Philip BOXER, mit dem Barry eine lange und wertvolle Verbindung hatte; und alle die erfahrenen Teilnehmer unserer Workshops und der Kollegen der Systems Group, die wir ins Leben riefen; und, aufgrund ihrer Publikationen, Gregory BATESON, Mara SELVINI-PALAZZOLI und ihre Mitarbeiter, Paul WATZLAWICK und seine Kollegen, Fritjof CAPRA, Gareth MORGAN, William TORBERT, Peter SENGE und Charles HAMPDEN-TURNER. Einige dieser Einflüsse werden im folgenden klar erkennbar; diejenigen, die nicht so deutlich werden, möchten wir hier ausdrücklich würdigen.

Wir schätzen den systemischen Ansatz, weil er ein Ansatz zwischen Erwachsenen ist. Als wir diese Methode in unseren Workshops verwendeten, waren wir imstande, mit den Teilnehmern auf eine Art zu arbeiten, die auf ihre Erfahrungen über ihre Organisationen fokussierte und auf die Theorie, aber eben nicht auf uns als Fundstelle überlegenen Wissens. Er ermöglicht Managern, sich auf umfassende Probleme einzulassen, ohne von ihnen überwältigt zu werden, indem sie entdecken, daß Probleme anfangen können, sich zu verändern, wenn an der richtigen Stelle ein freundlicher Schubs gegeben wird. Und er respektiert und versucht, das zu verstehen, was BATESON den Kreislauf von Organisationen nennt (d.h. ihre systemische Struktur) sowie die Gesellschaft, von der sie ein Teil sind, bevor man danach trachtet, sie zu ändern – anstatt Ursachen zu finden und zu versuchen, diese gewaltsam zu beseitigen. In diesem Sinne, in dem Sinne, wie BATESON es versteht, ist er ein weiser Ansatz:

> In einer solchen Welt leben wir – einer Welt von Kreislaufstrukturen –, und Liebe kann nur überleben, wenn die Einsicht (d.h. ein Sinn oder eine Anerkennung für die Tatsache der Kreislaufstruktur) eine wirksame Stimme hat. (1972, S. 146)

Die Fallbeispiele

Viel von dem in diesem Buch vorgestellten Material entstammt Konsultationen in unseren Workshops. Wir haben unsere Aufzeichnungen der detaillierten Fallbeispiele mit den betroffenen Personen ausführlich besprochen; sie haben Ungenauigkeiten verbessert und uns gestattet, das Material so zu benutzen, daß Quelle und Herkunft nicht zu erkennen sind. (Zu unserer Überraschung erwiesen sich einige Telefongespräche als bedeutsame Interventionen, die weitere Aktivitäten auslösten, wie sie auch unsere Neugier befriedigten.) Die verwendeten Namen sind frei erfunden. Diese Fallbeispiele spiegeln zwangsläufig den Workshop-Kontext wider, in dem sie hervorgebracht wurden; aber wir möchten deutlich machen, daß wir nicht davon ausgehen, daß Sie, die Leser, in einer Gruppe arbeiten, wenn Sie die hier vorgestellten Vorgehensweisen und Konzepte verwenden. Wir hoffen, daß Sie in der glücklichen Lage sind, die Art Anregung und Unterstützung zu finden, die in einer Gruppe entstehen kann, aber wir verstehen es, wenn Sie den Weg allein gehen müssen.

Kapitel 1
Sich im Kreise drehen

> Technische oder formale Rationalität ist linear: man denkt logisch, man handelt, man erreicht Entsprechendes. Umfassenderes logisches Denken ist zirkulär und iterativ. Man untersucht, entdeckt etwas Interessantes, reflektiert, denkt nach und untersucht erneut. Der Manager handelt mit angemessenem Vorbedacht, aber er beachtet sorgsam die Rückmeldung und durch diesen kybernetischen Prozeß überdenkt und handelt er neu, wobei er dabei lernt.
>
> C. Hampden-Turner 1990, S. 5

In den vergangenen neun Jahren haben wir eine Reihe von Workshops geleitet, in denen Manager einander über Problemsituationen in ihren Organisationen konsultiert haben. Wir selber haben auch für Manager aus unterschiedlichen Organisationen als Konsultanten agiert, und wir haben einander und andere über unsere Arbeit konsultiert. Das hat uns einen Eindruck von den Umständen vermittelt, unter denen Manager, aber auch andere Menschen, verblüfft oder erschöpft genug waren, um die Perspektive von Außenstehenden zu suchen in Hinblick auf das, was um sie herum passiert.

Die Probleme selber waren sehr unterschiedlich und komplex. Viele spiegelten den gesellschaftlichen Druck auf das Leben und die Führung von Organisationen in Großbritannien wieder: Druck hinsichtlich größerer Effizienz und größerer Bedeutung des Geldes, Wertschätzung der Organisation, Gleichbehandlung benachteiligter Gruppen, klarer Verantwortlichkeit denen gegenüber, die öffentliche Mittel und Spendengelder zur Verfügung stellen und eine stärkere Beachtung der Qualität der Leistung für KundInnen, KlientInnen und VerbraucherInnen.

Wir haben mit Direktoren gearbeitet, mit Senior-Managern und leitenden Angestellten, die zuständig waren, die Politik für diese Bereiche zu formulieren, aber viel Zeit haben wir mit den Managern verbracht, die eine solche Politik implementieren mußten. Viele von ihnen haben sich sehr stark mit dem genervten Manager aus dem Titel unserer Workshops und dieses Buches identifiziert.

Einige waren besorgt, wie sie ein Gefühl der politischen Selbstbestimmung schaffen können, wenn der Eindruck besteht, diese sei von oben angeordnet; wie läßt sich eine Politik implementieren, für die – so wie sie es sehen – nur eine begrenzte Unterstützung oder sogar eine aktive Opposition besteht; wie ließen sich Leute ermutigen, ihre fünf Sinne zusammenzuhalten angesichts dessen, was wie ein ständiger organisatorischer und sozialer Wandel aussah; und, *ganz extrem*, wie konnte man mit wütenden und zynischen Mitarbeitern umgehen.

Andere haben Schwierigkeiten angesprochen, die stärker lokalen Ursprungs waren: wie konnte man aus einer Ansammlung von Leuten, die anderenorts stärkere professionelle oder ethische Bindungen hatten oder die sich nicht als Team verstanden oder untereinander auf Kriegsfuß standen, zu einem funktionierendem Team machen; wie ließ sich die Ko-Operation eigensinniger oder schwieriger Teammitglieder sichern; wie konnte man ehrenamtliche Mitarbeiter oder Kommitteemitglieder dazu bringen, die Praxisanforderungen zu bestätigen, die die angestellten Manager und vielleicht auch die Geldgeber wünschten; wie ließ sich eine Abteilung verkleinern oder eine neue von Grund auf neu einrichten oder wie ließen sich bereits bestehende Abteilungen unterschiedlicher Geschichte und Kultur zusammenwürfeln; wie ließ sich Kontinuität bewahren, wenn entscheidende Personen weggingen und neue Besen zu kehren anfingen.

Was haben diese verschiedenen Probleme gemeinsam? Uns sind die folgenden wiederkehrenden Themen deutlich geworden:

- *Feststecken:* Manager stehen vor einem Zustand, den sie nicht akzeptieren, den sie aber auch nicht beseitigen können. Welche Lösung sie auch immer probiert haben, sie hat nicht oder nicht schnell genug funktioniert. Ihre Chefs können nicht helfen oder nicht angesprochen werden oder sind Teil des Problems. Sie drehen sich im Kreis.

- *Politik:* Viele Probleme hängen, so wie sie definiert werden, von der Macht oder Ohnmacht des Managers ab, andere Menschen dahingehend zu beeinflussen, das zu tun, was er für nötig hält. Manchmal besitzt der Manager die formale Autorität, ist aber unsicher, wie er sie ausüben soll; manchmal hängt er völlig von der bereitwilligen Kooperation anderer ab.

- *Komplexität:* die beschriebenen Situationen sind alle komplex zu erfassen wie zu analysieren. Um zu verstehen, was selbst hinter einer so einfachen Frage steckt wie „Wie kann ich die Mitarbeiter dazu bringen, mehr miteinander zu sprechen und einander zu trauen?" ist es erforderlich, einen komplexen und vieldeutigen

Bereich zu erkunden. Es ist notwendig, viel Information aufzunehmen. Es ist auch notwendig zu erfassen, was dynamische Komplexität (SENGE 1990, S. 71) der zugrundeliegenden Situation heißt (wir werden dies in Kapitel zwei ausführlicher darstellen).

Wir haben festgestellt, daß wir und die Manager, mit denen wir arbeiten, imstande sind, Einfluß auf das Problem zu nehmen, das sie vorstellen – sie auf eine solche Weise einzubeziehen, daß das Feststecken des Managers thematisiert wird wie die Politik und die dynamische Komplexität der Situation – wenn wir aus einer systemische Perspektive untersuchen, was abläuft. Dieses Buch soll zeigen, was wir meinen, wenn wir von der Übernahme einer systemischen Perspektive sprechen und an späterer Stelle in diesem Kapitel werden wir erläutern, was wir darunter verstehen. Zuerst aber kommen hier Darstellungen von zwei Ereignissen, die wir erlebt haben, die Ihnen ein Gefühl vermitteln sollen, wie systemisches Denken praktisch aussieht.

Eine „schwierige" Person

Clive, der Manager eines kleinen Forschungs- und Entwicklungsteams in einem ärmlichen Sozialdienst, ärgerte sich über ein kompetentes, aber unkooperatives und schwer zu packendes Teammitglied. Sie ignorierte die Arbeitspriorität des Teams zugunsten eigener Projekte und war oft weder im Büro noch überhaupt erreichbar. Nichts von dem, was er ihr in Supervisionssitzungen gesagt hatte, hatte einen Unterschied gemacht. Der Rest des Teams wurde ärgerlich und demoralisiert.

Clive verstand seine Einheit als Speerspitze für Änderungen innerhalb der Abteilung. Neue Gesetze bedeuteten, daß große Änderungen im Handeln in Sicht waren, denen der Direktor sehr positiv gegenüberstand (auch wenn andere Manager weniger enthusiastisch waren). Clives Terminkalender wäre selbst dann sehr eng gewesen, wenn sein ganzes Team seinen Beitrag leisten würde.

Er konsultierte eine Teilnehmergruppe in einem unserer Workshops. Sie meinten, es sei ein ganz normaler Zustand. Sie fragten ihn eingehender nach der Ambivalenz der Änderungen in der Abteilung. Es schien, daß, während er Änderungen positiv gegenüberstand, andere eher auf die Bremse traten. Die Gruppe meinte, eine Art, dies zu sehen, wäre die, daß sie die Abteilung davor bewahrten, sich zu schnell zu bewegen. Sein unkooperatives Teammitglied könnte für eine ganze Reihe von Leute stehen, die bei dem bleiben wollten, was sie versucht hatten und was ihrer Art zu arbeiten entsprach.

Die Gruppe schlug dann einige Handlungsoptionen vor, von denen sich einige gegenseitig ausschlossen. Ein Mitglied meinte, für das schwierige Teammitglied eine andere Arbeit zu finden; ein anderes schlug vor, daß Clive disziplinarische Maßnahmen ergreifen sollte. Jemand anders meinte, er sollte keinen Druck mehr auf sie ausüben und anfangen, sich so zu verhalten, daß er ihren Beitrag zur Arbeit der Abteilung als gut und nützlich anerkennt.

Letzteres war das, was er auch tatsächlich tat. Er definierte ihre Arbeit im Team anders, so daß sie die Art Arbeit, die ihr vertraut war und die sie gut machte, fortführen konnte und er sorgte dafür, daß sie mit einem anderen Direktor darüber sprach, in welchem Zeitrahmen sie zu arbeiten hatte – mit jemandem, der die Situation entschärfen konnte, weil er sich weniger um die bevorstehenden Änderungen sorgte als Clive. In kurzer Zeit entwickelte sie sich zu einem angenehmen und positiven Teammitglied und verbrachte einige Zeit mit den Forschungs- und Entwicklungsprioritäten.

* * *

Was ist hier geschehen? Uns ist wichtig, daß Clive in der Diskussion beginnt, eine umfassendere Perspektive in bezug auf das, was anfangs als Problem mit einer unkooperativen Person schien, einzunehmen. Eine „schwierige" Person zu versetzen oder zu disziplinieren (entlassen), wie jemand vorschlug, erscheint oft als einzige Lösung und entspricht der populären Auffassung eines knallharten Managers. Aber dies hätte den umfassenderen Prozeß außer Acht gelassen, von dem dieses Verhalten einen Teil darstellt: die Abteilung war hin- und hergerissen, sich an neue Umstände anzupassen und dabei ein Gefühl der Kontinuität zu bewahren sowie das zu behalten, was früher gut gewesen war, Dinge zu erledigen. Man könnte natürlich meinen, daß hier der Manager nachgeben sollte und akzeptieren müßte, daß er eine Person weniger für die an erster Stelle stehende Arbeit hätte. Diese Änderung gegenüber dem Teammitglied könnte sich als nicht sehr überlegt erweisen, wenn er nicht einige schwierige Debatten mit seinem Direktor über die Änderungsgeschwindigkeit hätte, die die Abteilung einhalten könnte. Dies ist ein wichtiges Element systemischen Denkens: eine Änderung einer Beziehung im System ändert alle anderen Beziehungen auch.

Wann ist ein Team kein Team?

Ein weiteres Beispiel. Ein Psychotherapeut nahm zu einem von uns (BP) Kontakt auf. Es ging um ein multidisziplinäres Erziehungsberatungsteam einer Klinik. Das Team bestand aus Psychotherapeuten, Konsultationspsychiatern, einem Sozialarbeiter, einem Beschäftigungstherapeuten, einem Psychologen und zwei Verwaltungsangestellten. Sie hatten Schwierigkeiten, als Team zusammenzuarbeiten, und sie verfügten über etwas Geld, einen „Tag außerhalb" zu finanzieren, wo sie versuchen wollten, ihre Schwierigkeiten mit Hilfe eines Konsultanten zu lösen.

Der Konsultant hatte Schwierigkeiten, mit ihnen erreichbare Ziele für diesen Tag auszuhandeln, nicht zuletzt deshalb, weil er es jedesmal, wenn er schrieb oder anrief, mit jemand anderem zu tun hatte. Er bat jedes Teammitglied, ihm einen Brief zu schreiben, in dem jeder erläuterte, worin er oder sie die Schwierigkeit sah. Als er diese Briefe las, fragte er sich, was in aller Welt sie in den paar Stunden dazu tun könnten.

An dem Tag selber bat er sie um Beispiele dafür, was sie unter einem Team verstanden. Sie sagten, ein Fußballteam oder das Team in einem Theater. Er wies auf alle die Dinge hin, an denen sie zeigten, daß sie nicht wie diese Teams waren: es gab kein Ziel, das sie anstrebten; sie arbeiteten mit ihren Klienten nur einzeln oder zu zweit und niemals alle zusammen; sie verfügten über unterschiedliche Berufe mit unterschiedlichen Bewertungen und Konventionen; sie hatten verschiedene Vorgesetzte, unterschiedliche Bezahlung und Arbeitsbedingungen; ein Mitglied, der Sozialarbeiter, war in einer anderen Organisation als alle anderen. Er fragte, warum sie nicht einfach vergaßen, ein Team sein zu wollen und sich einfach als Kollegen zu sehen, die sich ab und zu treffen, um ihre Arbeit mit Kindern zu besprechen und zu koordinieren.

Im Laufe des Tages änderte sich die Stimmung. Sie hatten sich als Versager gesehen, die nicht imstande waren, ihr Ideal von Team zu verwirklichen. Jetzt fingen sie an, sich so zu sehen, daß sie eine mäßige, aber nützliche Ebene der Zusammenarbeit angesichts massiver Hindernisse erreicht hatten. Aber noch mehr, sie arbeiteten zu dieser Zeit sehr effektiv zusammen, hörten einander zu, machten kreative Vorschläge, achteten nicht auf Statusunterschiede. Ehe sie wieder nach Hause fuhren, hatten sie einander verschiedene Zusicherungen gegeben, wie sie ihr Verhalten ändern würden, um ihren Zusammenhalt als Arbeitsgruppe zu stärken. In einem Brief, den der Konsultant ein Jahr später erhielt, schrieb einer der Psychotherapeuten:

> Wir haben angefangen, einige der Ideen in die Praxis umzusetzen und haben jetzt ein Extratreffen, um schwierige Themen einmal in der Woche zu behandeln. Ich habe es geschafft, einen Klienten weniger zu sehen, so daß ich auch mehr Zeit habe, Kollegen und Kolleginnen zu treffen! Die Leitung ist sehr unsicher über unseren neuen gestärkten Zusammenhalt, aber es liegt einfach an uns, es ihnen begreiflich zu machen.

Es gibt eine Gruppe von Leuten, die zusammenarbeiten, die einen neuen Raum für sich geschaffen haben – den „Tag außerhalb", weg von der Klinik –, an dem sich ein anderes Zusammenarbeitsmuster entwickeln kann. Es gibt jemanden, der sich daran macht, zu helfen und selbst in ihre Probleme verstrickt wird. Es gibt eine unerwartete Bewegung, durch die er ihnen Gründe liefert, an ihrer Zusammenarbeit zu verzweifeln, anstatt zu versuchen, ihnen Hoffnung zu geben. Und es gibt eine kleine Änderung, die viele Probleme unberührt läßt und einen anderen Teil des Systems stört, der aber ausreicht, einen neuen Weg erkennen zu können.

Systemisches Denken

Was also ist mit dem Begriff „System" gemeint? Ein System ist eine Menge von Komponenten, die ein komplexes Ganzes bilden – ein Ganzes, das mehr als die Summe seiner Teile ist. Dies ist eine allgemeine Definition, die auf alle Arten von Systemen zutrifft. Der menschliche Körper kann als ein System betrachtet werden, dessen Komponenten die konstituierenden Zellen bilden. Der Körper ist mehr als eine Ansammlung von Zellen: seine Qualitäten und sein Potential läßt sich nicht aus den Eigenheiten der Zellen herleiten. In ähnlicher Weise läßt sich die Beziehung zwischen Flora und Fauna einer Region besser verstehen, wenn sie als Teile eines Ökosystems gesehen werden. (In allen diesen Aussagen haben wir Sätze wie „kann betrachtet werden als", „läßt sich verstehen als" verwendet, weil Systeme – wie Schönheit – nur im Auge des Betrachters existieren. Kein System existiert ohne eine Person, die es wahrnimmt oder die die Komponenten als Teile eines umfassenderen Ganzen unterscheidet.)

In der Welt menschlicher Zusammenschlüsse, z.B. Hettlage und Lampe, die Beatles, der Kinderschutzbund, die Berliner Philharmoniker, der Landkreis Dithmarschen oder unsere Teams und Familien, haben Organisationstheoretiker Systeme mit verschiedenen Arten von Komponenten unterschieden: individuelle und Arbeitseinheiten verschiedener

Größe, wie auch immer wiederkehrendes Verhalten oder Handeln, manchmal als Rollen konzeptualisiert. An dieser letzten Art von Systemen – Systeme als Interaktionsmuster – sind wir vor allem interessiert. Diese Richtung systemischen Denkens entsprang der Arbeit von Gregory BATESON (1972) und ist von der Mailänder Familientherapie beeinflußt worden (z.B. SELVINI-PALAZZOLI, BOSCOLO, CECCHIN & PRATA 1980). Aus dieser Perspektive ist ein System ein Interaktionsmuster (von Personen oder Gruppen), das sich durch eine oder mehrere *Rückkopplungsschleifen* repräsentieren läßt – d.h. durch geschlossene Schleifen oder Interaktionssequenzen, die alle Teile des Systeme verbinden und integrieren. Dieses Konzept behandeln wir im nächsten Abschnitt ausführlicher.

Systemisches Denken ist dementsprechend eine Art, Verhaltensmuster zu beschreiben und zu erklären, denen wir im Leben von Organisationen begegnen: Regelmäßigkeiten individuellen Verhaltens, die wir als Rolle beschreiben, die spezifische Art und Weise, etwas in Organisationen zu tun, auf die wir uns als ihre Kultur beziehen, die sich wiederholenden Muster steriler Konflikte, Fehler, Fehlzeiten oder dem Unvermögen zu delegieren, die wir als Probleme definieren und zu lösen versuchen.

Wenn wir erst einmal Modelle von Rückkopplungsprozessen konstruiert haben, die das Verhalten, das wir als problematisch betrachten, hervorbringen, dann können wir diese benutzen, um zu erklären, weshalb versuchte Lösungen fehlgeschlagen sind oder es sogar weiter aufrechterhalten haben und andere Strategien anzubieten, die größeren Einfluß haben können. Ob die Einführung dieser Strategien die Effekte haben, die wir uns erhoffen oder nicht, sie geben sie uns auf jeden Fall mehr Informationen über das System, so daß wir imstande sind, neue oder veränderte Modelle zu konstruieren, die mehr von dem erklären, was geschieht. Dies ist der Prozeß von Beobachtung, Modell-Bildung (Hypothetisieren) und Intervention*, die wir in diesem Buch beschreiben.

---

*) **Anm.d.Übers.:** Die sprachliche Form kann sich sehr stark auf unser Verständnis auswirken, z.B. hinsichtlich der Frage, ob und inwieweit „Beobachtung, Modell-Bildung und Intervention" Dinge bzw. Sachen „sind". Die Beschreibung in Form von Substantiven könnte eine solche Idee nahelegen. Systemisches Denken setzt i.d.R. voraus, daß es sich um Prozesse handelt, die es immer wieder herzustellen gilt, so daß eine sprachliche Formulierung in Verbform passender scheint: Beobachten, Modell-Bilden, Intervenieren.

Lineare und zirkuläre Prozesse

Um das Konzept von Systemen als geschlossene Rückkopplungsschleifen zu verstehen, ist es nötig, zwischen linearen und zirkulären (oder rekursiven) Interaktionsprozessen zu unterscheiden. Einige Beispiele sollen den Unterschied zeigen. Eine Frau sitzt mit ihrer Katze auf dem Schoß; sie streichelt die Katze und die Katze schnurrt. Die Frau denkt: „Die Katze schnurrt, weil ich sie streichle." Dies ist eine lineare Beschreibung: ein Effekt (schnurren) wird mit Hilfe eines Grundes (streicheln) erklärt. Diese allgemeine Form der Beschreibung zeigt Diagramm 1:

Diagramm 1

Die Katze betrachtet das alles anders. Sie denkt: „Die Frau streichelt mich, weil ich schnurre" – eine andere lineare Beschreibung, allerdings mit einer anderen Auffassung über Ursache und Wirkung (Diagramm 2).

Diagramm 2

Für uns ist es allerdings möglich, eine dritte Perspektive einzunehmen – von außerhalb des Systems –, und anzunehmen, daß jedes Verhalten das jeweils andere auslöst, in einem kontinuierlichen Prozeß zirkulärer Verursachung (Diagramm 3).

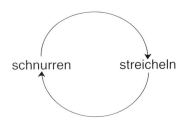

Diagramm 3

Eine der führenden Autoritäten auf dem Gebiet zirkulärer Verursachung ist Hawkeye, einer der Ärzte aus der Fernsehserie M*A*S*H. Einmal geraten Hawkeye und der Colonel in den Hinterhalt der Chinesen. Der Colonel fängt an, zurückzuschießen, aber Hawkeye stellt das Feuer ein. Als der Colonel ihn fragt, weshalb er das Feuer nicht erwidert, antwortet Hawkeye:

Sie schießen auf uns, weil sie sich ärgern. Wenn wir zurückschießen, werden sie nur noch ärgerlicher und schießen auf uns.

Bei anderer Gelegenheit hatten Hawkeye und der Colonel in einem überfüllten südkoreanischen Feldlazarett ausgeholfen. Als sie wieder abzogen, dankte ihnen der Lazarettchef mit den Worten:

Chef: Vielen Dank für all ihre Hilfe.

Hawkeye: Vielen Dank für all ihre Verwundeten.

In unserer ersten Fallstudie war die mangelnde Kooperation der Untergebenen eine Reaktion auf den Druck des Managers, der auf ihre mangelnde Kooperation reagierte, die auf seinen Druck reagierten ... Leiter von Sitzungen beklagen, daß sie Sitzungen niemals pünktlich beginnen können, weil die Teilnehmer immer (zu) spät kommen ... (denken Sie einmal über sich selbst nach!).

Eine der grundlegenden Fertigkeiten systemischen Handelns (d.h. Führungs- oder Beratungspraxis auf der Grundlage systemischen Denkens) ist die Fertigkeit, solche rekursiven Prozesse zu erkennen, die sich im Kreise drehen. Die ursprüngliche Bedeutung des Begriffs „rekursiv" heißt „zurücklaufen". Systemische Erklärungen „laufen zurück" in dem Sinne, daß sie auf sich selbst zurückkommen, unendlich, wie eine Reflexion in zwei parallelen Spiegeln. Die Katze schnurrt, weil die Frau sie streichelt, und die Frau streichelt, weil die Katze schnurrt, die schnurrt, weil die Frau streichelt undsoweiter *ad infinitum*.

Wir haben uns auf solche Kreisläufe als *Rückkopplungskreise* bezogen. Systeme, so heißt es, werden von Rückkopplung (Feedback) strukturiert. Norbert WIENER, der Begründer der Kybernetik, definierte Rückkopplung folgendermaßen: „Feedback ist eine Methode zur Regelung eines Systems, indem man die Ergebnisse der vorangegangenen Tätigkeit wieder in das System eingibt" (1954/67, S. 84, zitiert n. KEENEY 1983, S. 66).

Seit BATESON (1979, S. 196ff) haben Autoren und Autorinnen das Beispiel eines von einem Thermostaten kontrollierten Heizsystems benutzt, um Rückkopplung zu illustrieren. Wenn die Temperatur unter die Grenze fällt, auf die der Thermostat eingestellt ist, springt der Brenner an; anders gesagt, das Ergebnis der vergangenen Inaktivität – ein kaltes Zimmer – wird in das System eingegeben und aktiviert den Brenner. Wenn die Temperatur die gesetzten Grenzen überschreitet, wird der Brenner ausgeschaltet.

In ähnlicher Weise richtet einer von uns beiden (BP), der selbständig arbeitet, dann, wenn er wenig zu tun hat, einen Großteil seiner Aufmerksamkeit darauf, neue Arbeitsmöglichkeiten zu erschließen. Wenn – meistens – neue Aufträge eingehen, hat er immer weniger Zeit dazu, neue Möglichkeiten zu erschließen, bis zu dem Punkt, an dem er völlig damit beschäftigt ist, die bestehenden Aufträge zu erledigen. D.h., er richtet sein Augenmerk kaum darauf, was er in sechs Monaten tun wird und wenn diese Zeit da ist, fehlen ihm Aufträge. Die Ergebnisse seiner vergangenen Handlungen werden beständig in das System seiner Arbeit wieder eingegeben!

Ein solches System wird durch Rückkopplung konstituiert und reguliert. Tatsächlich *ist* das System dieses rekursive Muster, so wie ein Tanz das Muster ist, das von den Tänzern und Tänzerinnen hervorgebracht wird. Dies hat Gianfranco CECCHIN weitaus gekonnter so ausgedrückt (1987, S. 408): „... daß das System einfach das tut, was es tut, und daß dieses Tun darin besteht, daß es das tut."

Organisationen

Das systemische Konzept stellt uns unser Grundmodell von Organisationen und die sie konstituierenden Einheiten zur Verfügung. Wir gehen von der Voraussetzung aus, daß Organisationen wirklich und nicht unwirklich sind. Sie sind in dem Sinne wirklich, daß sie sich – manchmal sehr nachdrücklich – auf unser Leben auswirken; aber sie sind nicht in dem Sinne wirklich, wie die Gebäude, die sie manchmal besetzen, wirklich sind. „Die Welt, die wir kennen, ist weder Illusion noch Realität" (KEENEY 1983, S. 64). Sprache bringt uns hier durcheinander, weil wir oft dasselbe Wort benutzen, um uns auf die Organisation zu beziehen wie auf die Gebäude, in denen sie untergebracht ist. Sagt jemand: „Ich arbeite für eine Bank", so meint er nicht, daß er für ein Gebäude am Kurfürstendamm arbeitet, obwohl, würde ihn jemand am Kurfürstendamm anhalten und fragen, wo die Bank ist, so würde er auf das Gebäude auf der anderen Straßenseite zeigen.

Organisationen existieren für uns, weil man sich darauf geeinigt hat, daß sie existieren. Wenn wir über sie reden, so geschieht dies metaphorisch: wir beziehen uns auf sie mit konventionellen Bildern und Modellen, wobei wir davon ausgehen, daß die andere Person diese erkennt (für eine eingehendere Darstellung, siehe Gareth MORGAN 1986). Wenn beispielsweise ein Manager sagt: „In meiner Abteilung sind zehn Leute", verstehen wir, ohne weiter darüber nachzudenken, daß er sich die Abteilung als eine Art Behälter vorstellt, in dem Leute „drin" sein können. Wir sind so an diese Konvention gewöhnt, daß wir sie ganz wörtlich nehmen.

Sie fragen sich vielleicht, weshalb wir so ein Aufheben davon machen. Der Grund bezieht sich auf etwas, das wir bereits über die Art gesagt haben, wie Probleme gerahmt werden. Die meiste Zeit halten wir unsere Abteilung sozusagen für gegeben. Wir planen und handeln auf Grund der Annahme, sie sei ein von uns unabhängiges Objekt. Aber wenn wir „in" unserer Abteilung Problemen begegnen, dann kann unsere Schwierigkeit, eine effektive Reaktion zu finden, sich aus den Annahmen ergeben, die wir über ihre Wirklichkeit machen – z.B. über die Grenze dieses Behälters und darüber, wer „drinnen" ist. Wenn „drinnen" bedeutet, „auf Grund der momentanen Verwaltung und deren Bericht an uns", können wir unseren Vorgänger ausschließen, der noch sehr stark in der Abteilung „drinnen" ist, soweit es unsere Mitarbeiter und Mitarbeiterinnen betrifft; oder unsere Klienten, deren Bedürfnisse in unseren Mitarbeiterbesprechungen eine große Rolle spielen. Einer von uns beiden beriet einen Ausschuß einer ehrenamtlichen Organisation. Viele Teilnehmer zeigten sich darüber erleichtert, daß ein Ausschußmitglied, das ihre Treffen mit seinen Anliegen dominiert hatte, sich jetzt zur Ruhe gesetzt hatte. Wir merkten an, daß sie einen Großteil der Sitzung damit verbrachten, sein Verhalten zu beklagen und seine Ideen abzuweisen.

Systemisches Denken gibt uns Möglichkeiten an die Hand, Organisationen zu repräsentieren, d.h. metaphorische Modelle auf eine wohlüberlegte Weise zu konstruieren. Aber auch wenn sie durchdachter sein mögen als Metaphern der üblichen Konversation, so bleiben sie doch Metaphern und als solche heben sie einige Aspekte der Organisation hervor und übersehen andere.

Organisationen als Systeme

Das Modell offener Systeme

Es gibt mindestens zwei Ansätze, Organisationen zu verstehen, die beide als systemisch im weitesten Sinne gelten. Der eine ist das Modell des „offenen Systems", das aus Untersuchungen physikalischer und biologischer Systeme stammt und u.a. von TRIST, MILLER und ihren Mitarbeitern am Tavistock Institute of Human Relations entwickelt worden ist (z.B. MILLER & RICE 1967). Dieses Modell fokussiert auf die dynamische Beziehung zwischen der Organisation und ihrer Umwelt und geht davon aus, daß die fortlaufende Viabilität davon abhängt, einen bestimmten kritischen Austausch mit der Umgebung aufrechtzuerhalten. Die Metapher des offenen Systems ist inzwischen im Denken von Managern weit verbreitet. Sie stellt ein mächtiges Werkzeug dar, die Struktur einer Organisation oder einzelner Teile darzustellen, die Prozesse, mittels derer sie ihre Ziele erreicht und ihre Viabilität sicherstellt, zu erforschen und alternative Strukturen für die Durchführung anderer Aufgaben zu entwerfen und zu testen. Diese kritischen Aspekte von Management und Konsultation sind ein eigenes Buch wert und es wurden auch schon etliche verfaßt, u.a. das eine, das wir bereits erwähnt haben (MILLER & RICE 1967; s. auch MORGAN 1986, Kapitel 3).

Das Modell rekursiver Systeme

Der andere Ansatz, auf den sich dieses Buch bezieht, stellt Organisationen als Muster solcher Rückkopplungsschleifen dar, wie wir sie gerade beschrieben haben. Er ließe sich als Modell rekursiver Systeme bezeichnen (z.B. REED & ARMSTRONG 1988; PALMER & REED 1972, wo der Begriff „containing systems thinking" verwendet wird). Diese Rückkopplungsschleifen können Paare und Untergruppen von denen einschließen, die als „in" der Organisation „drinnen" betrachtet werden oder jeden, der „in" der Organisation „drinnen" ist und/oder andere, die meist als außerhalb stehend betrachtet werden – Klienten und Kunden, Anbieter, Konkurrenten, Verwaltungsbereiche, Medien oder jede Person bzw. Institution, die die Aktivitäten der Organisation zu beeinflussen scheint oder von ihr beeinflußt wird. Wie wir noch sehen, umfaßt das Formulieren von Hypothesen, die repetitive Muster der Organisation erklären sollen, Entscheidungen darüber,, wo „die Grenze gezogen wird" – d.h. wessen Einfluß eingeschlossen oder ausgeschlossen wird bei der Erklärung dessen, was da vor sich geht.

Diese Rückkopplungsprozesse schließen auch diejenigen ein, durch die die Organisation als Ganzes ihre Identität erhält – aus der Sicht derjenigen, die mit ihr Geschäfte machen. Sie zeigen sich in der Kultur der Organisation – der charakteristischen Art und Weise, Sachen zu tun, die eine Organisation von der anderen unterscheidet. Ein Teil der Theorie, die von MATURANA und VARELA (z.B. 1987) stammt, nimmt an, daß soziale Systeme wie Organisationen vergleichbar sind mit lebenden biologischen Systemen wie Pflanzen und Tieren, indem sie das Vermögen besitzen, die Beziehungen, die sie konstituieren, fortlaufend wiederherzustellen. Dieser Prozeß heißt „Autopoiese", was soviel wie

„selbst machen" bedeutet. Die Beziehungen zwischen Teilen eines menschlichen Individuums, die eben dieses Individuum als dasselbe erkennbar machen, werden also kontinuierlich aufrechterhalten, obwohl die den Körper konstituierenden Moleküle ständig wechseln; keiner von uns besteht nach sieben Jahren noch aus demselben Stoff. Entsprechend ist eine Organisation als dieselbe Organisation erkennbar, selbst wenn die Belegschaft hundertprozentig neu ist – vorausgesetzt, sie gehen nicht alle auf einmal!

Autopoiese ist das Ergebnis der gerade beschriebenen Rückkopplungsprozesse. Das Merkmal der Organisation bleibt konstant – innerhalb bestimmter Grenzen –, weil Abweichungen von den operativen Zielen, Regeln und der Organisationskultur wieder in das System eingegeben werden, was Handlungen auslöst, die die Abweichung ausgleichen/korrigieren. Angestellte, die immer zu spät kommen, fliegen 'raus; Kunden, die ihre Rechnungen nicht bezahlen, kommen vor Gericht.

Lernen von Organisationen

Organisationen und die Menschen, die für sie arbeiten, unterscheiden sich dadurch von einfachen biologischen Systemen, daß sie lernen können. Ein Baum kann nur ein größerer Baum werden, aber eine Organisation kann sich radikalen Änderungen unterziehen, so daß sich Ziele, Regeln und Kultur, die die Autopoiese kontrollieren, im Laufe der Jahre ändern. Nicht alles kann dem Lernen von Organisationen zugeschrieben werden: einiges ist das Ergebnis gewaltsamer Interventionen – d.h. von Änderungen, die von außen erzwungen sind und die oft aktuelle politische Themen widerspiegeln. Die gegenwärtige Herausforderung für Organisationen, ihre Ziele, Regeln und Kultur *für sich selber* zu ändern, hat zum aktuellen Interesse am Lernen von Organisationen geführt (s. z.B. GARRATT 1990; SENGE 1990; PEDLER, BURGOYNE & BOYDELL 1991; BAZALGETTE & FRENSCH 1993). Da die Änderungsrate in der Umgebung von Organisationen angestiegen und die Richtung dieser Änderung immer weniger vorhersagbar geworden ist, hat man zunehmend erkannt, daß das Überleben und die kontinuierliche Effektivität von Organisationen in allen gesellschaftlichen Bereichen von der Fähigkeit zu lernen abhängt. Eine lernende Organisation unterstützt das Lernen ihrer Mitglieder und ist zu korporativem Lernen imstande, in dem Sinne, daß dies die Struktur und Praktiken verändert sowie die Philosophie, auf dem die Organisation sich gründet, um sich so auf sich ändernde Bedingungen einzustellen.

Wie aber MORGAN (1986, S. 90ff) ausgeführt hat, gibt es in Organisationen viele Prozesse, die sich gegen die Entwicklung der hinterfragenden Kultur lernender Organisationen richten:

- „Eindrucks-Management": die Methoden, mit denen Manager und Angestellte darangehen, die Situation *besser* aussehen zu lassen, als sie ist, anstatt so, wie sie ist;
- Übersehen der Lücke zwischen Rhetorik und Praxis oder zwischen dem, was ARGYRIS und SCHON (1978) „parteiliche Theorien" und „Theorien-in-Benutzung" genannt haben;
- Gruppeneinfluß: die beträchtlichen sozialen Belohnungen, die denen zukommen, die die gegenwärtigen Praktiken nicht infragestellen.

Die Fähigkeit einer Organisation, sich selbst zu verändern, hängt klar und in riesigem Ausmaß von den Möglichkeiten und dem Engagement der Leiter ab. Die notendigen Qualitäten sind messerscharf von William TORBERT (1991; TORBERT & FISHER 1992) untersucht worden. In Kapitel 6 werden wir mehr über seine Arbeit und über organisatorische Änderungen sagen.

Konflikt und Zusammenarbeit

Die Lebensgeschichte eines Teams, einer Abteilung oder einer Organisation besteht aus Interaktionen von Personen und Gruppen in Konflikt und Kooperation. Männer und Frauen mit unterschiedlichen Persönlichkeiten und Geschichten kommen mit der Absicht zusammen, nur teilweise konvergierende Ziele und Interesse zu verwirklichen. Manager versuchen mit verschiedenen Mitteln, kooperatives Verhalten bei korporativen Zielen und Werten zu mobilisieren, um Ergebnisse zu erreichen, auf die sich geeinigt worden ist. In dem Maße, in dem sie erfolgreich sind, stellen diejenigen, die sie managen, andere Wünsche, die mit den Zielen der Einheit unvereinbar sind, zugunsten des Erreichens der gemeinsamen Ziele zurück.

Wenn auch gemeinsame Ziele das Ideal sind, so gibt es auch einen wichtigen Denkansatz (z.B. HAMPDEN-TURNER 1990), der größeres Gewicht auf widerstreitende Glaubensannahmen und Ideologien legt, die die Organisation formen. Diese führen nicht zwangsläufig, wenn überhaupt, zu einem einheitlichen, konsistenten System von Zielen und Werten. Individuen und Gruppen fühlen sich tatsächlich einer ganzen

Reihe von nur teilweise kompatiblen Annahmen verpflichtet. Als Folge dessen finden sich Manager vor scheinbar unlösbaren Dilemmata wieder, und sie können hin- und hertaumeln zwischen der einen und der anderen falschen Lösung, oder sie werden angesichts der Gruppen, die unterschiedliche Verpflichtungen repräsentieren, handlungsunfähig. So haben beispielsweise sozialpädagogische Organisationen im Laufe der Jahre zwischen Strukturen hin- und hergeschwankt, die sich einmal auf allgemeine Sozialarbeit und ein andermal auf spezialisierte Sozialarbeit berufen – so als könne die eine Form alle die Probleme überwinden, die das Anbieten sozialer Dienste zeigen. In einem umfassenderen Sinne hat sich Boris JELZIN dafür eingesetzt, einerseits Recht und Ordnung in Rußland aufrechtzuerhalten und andererseits ein demokratisches Regierungssystem zu schaffen. Es ist aber unwahrscheinlich, daß diese beiden Vorhaben im heutigen Rußland kompatibel sind. Wir werden später erörtern, wie ein Analysieren festgefahrener Situationen in Ausdrücken von Dilemmata der daran Beteiligten eine Möglichkeit bietet, konstruktive Handlungen hervorzubringen.

Es ist nur allzu bekannt, daß Menschen in Organisationen sich Änderungen widersetzen und auch wenn Änderungen, denen zugestimmt wird, im allgemeinen weniger belastend sind als auferzwungene Änderungen, so läßt sich doch keine bedeutsame Änderung ohne Schock, Ärger und Trauer erreichen. Sie können kein Omelette machen, ohne die Eier aufzuschlagen. Aus systemischer Sicht können wir sagen, daß Individuen und die Organisationen, denen sie angehören, sich nicht unterscheiden. John DONNE formulierte es so: „No man is a land, intire of it selfe" (Originalzitat, Anm. d. Übers.). Organisationen verleihen ihren Mitgliedern eine Identität und insoweit sie an diesen Identitäten hängen, widerstehen sie ihrer Änderung. Mit Änderung umzugehen, verlangt einen Raum, in dem Menschen ihren Bezug zur Organisation neu aushandeln und zugleich ein neues Gefühl von sich selber entwickeln können. Das ist das Ideal: wir sind uns alle klar, daß ein Großteil organisatorischer Änderungen gewaltsam ist und diesen Raum nicht bereitstellt. Systemisches Denken ist eine Möglichkeit, das reiche Netzwerk der Verbundenheit, das bei organisatorischen Änderungen auf dem Spiel steht, in den Blick zu bekommen.

Systemisches Denken zielt eben nicht einfach auf Problemlösen – es ist eine umfassendere und weiterreichende Disziplin. Aber der Wunsch, Probleme zu lösen, stellt für viele, die mit einer ungewöhnlichen Art, Dinge zu betrachten, nicht vertraut sind, ein starkes Motiv dar. Wenn Sie erst einmal damit angefangen haben, dann hoffen wir, daß Sie auch weiterhin von der Eleganz dieser Ideen und Vorgehensweisen in den Bann gezogen werden und die umfassendere Bedeutung systemischen Denkens erkunden.

Kapitel 2
Was ist das Problem?

> Die Katze grinste nur, als sie Alice sah. Gutmütig sieht sie ja aus, dachte Alice, aber sie hat doch sehr lange Krallen und eine Menge Zähne, und daher müßte sie, so meinte Alice, mit Respekt behandelt werden. „Cheshire-Kätzchen," fing sie an ... „Würdest du mir bitte sagen, welchen Weg ich von hier einschlagen sollte?" „Das hängt weitgehend davon ab, wohin du gelangen möchtest", sagte die Katze.
>
> Lewis CARROLL, Alice im Wunderland

> Problems worthy
> of attack
> prove their worth
> by hitting back.
>
> (War je ein Problem einer Lösung uns wert,
> so hat es auch stets große Mühen beschert.)
>
> Piet HEIN, 1969

In der Einleitung stellten wir eine Reihe von Umständen vor, unter denen jemand möglicherweise den systemischen Ansatz auf problematische Situationen anwenden möchte: ein Manager, der einen Untergebenen, einen Kollegen oder eine andere Person in seiner eigenen Abteilung berät; ein Manager, der informell jemanden außerhalb seiner Abteilung berät; der interne oder externe Berater einer Organisation; eine Gruppe von Kollegen, die sich treffen, um sich gegenseitig zu unterstützen und zu beraten; oder ein Einzelner, der sich eine Auszeit nimmt, um eine gegenwärtige Schwierigkeit zu durchdenken und so im Grunde als sein eigener Konsultant handelt.

In jeder dieser Situationen haben die Betreffenden sich daran gemacht, ein Problem in Angriff zu nehmen und, wenn möglich, zu lösen. Ob sie erfolgreich sind, hängt unter Umständen nicht nur von den speziellen Gegebenheiten und ihrem spezifischen Wissen bzw. Können ab, sondern auch von ihrer allgemeinen Einstellung Problemen gegenüber. Probleme können gewaltig und unverrückbar erscheinen, sie können aber auch dahinschmelzen wie die Cheshire-Katze. Genau wie Organisationen sind sie nicht illusionär und dennoch nicht real. Wenn einem

Arbeitsteam mitgeteilt wird, seine Abteilung würde geschlossen, wenn es nicht eine neue Einkommensquelle auftut, um die Kosten zu decken, und es sich verhält, als sei das alles ein Traum, dann geraten die Beteiligten bald in große Schwierigkeiten, was auch kein Traum ist. Und doch ist dies ein Zustand, der nur problematisch ist, weil sie ihn als Problem sehen oder empfinden: ein Problem ist immer ein Problem *für jemanden*. Ein anderes Team, das sich um dieselben Gelder bemüht, ist vielleicht froh, wenn das erste Team von der Bildfläche verschwindet. Wir denken, wenn wir Probleme, denen wir begegnen, als real akzeptieren – wie normale Katzen und nicht wie Cheshire-Katzen – dann schließen wir uns unter Umständen in Unmöglichkeiten ein und werfen den Schlüssel fort.

Fallen

Dennoch wird man Organisationsprobleme, ebenso wie die Cheshire-Katze, nicht so schnell los, wie die Rote Königin meinte. Der Kopf der Katze erschien in der Luft über dem Krocketspiel im Spiegel:

> Die Königin hatte nur eine einzige Methode, alle Schwierigkeiten, große oder kleine – zu beseitigen. „Kopf ab!" sagte sie, ohne sich auch nur umzusehen.

In den frühen Stadien einer Konsultation, sei es nun in Workshops oder bei irgendwelchen Konsultationsaufgaben, gibt es mehrere Fallen, die alle als Folgen eines Rote Königin-Ansatzes betrachtet werden können:

— Wir sehen nicht über das dargestellte Problem hinaus und schlagen schnelle Lösungen für die Symptome vor; dabei lassen wir die umfassenderen dysfunktionalen Prozesse außer Acht, die das Problem verursachen, das uns Sorgen macht. Wir lassen Angestellte immer länger arbeiten, um die wachsenden Forderungen nach Dienstleistungen zu erfüllen, statt in den sauren Apfel zu beißen und uns Gedanken über Prioritäten zu machen. Wir pumpen lieber den Reifen auf, statt das Loch zu flicken, und wundern uns, wenn er am nächsten Morgen wieder platt ist.

— Wir schreiben alle Schwierigkeiten einer schuldigen Person (oder einer Gruppe) zu, deren Verhalten verändert werden muß. Also entlassen wir schwierige Menschen oder schicken sie auf Fortbildungskurse, ohne zu untersuchen, welche Umstände an ihrem Arbeitsplatz sie vielleicht zu Protesten provozieren. Dies ist eine Variante unserer ersten Falle, wobei das dargestellte Problem eine schwierige Person oder Gruppe ist.

Diese Lösungen verschlimmern oft das Problem, das sie bewältigen sollen. In unserem ersten Beispiel in Kapitel 1 bewirkte Clives Kritik an dem entfremdeten Teammitglied eine nur noch größere Entfremdung und bestärkte es darin, nicht konform zu gehen. In einem Zeitungsartikel (Garlick, 1990) wird beschrieben, wie eine Gemeinde versuchte, mit Hilfe der Gerichte gegen Prostitution vorzugehen, indem den Prostitutierten wegen Aufforderung zur Unzucht Geldbußen auferlegt wurden. Die Auswirkung auf die Frauen, die an oder unterhalb der Armutsgrenze lebten, war vorhersagbar: sie waren, wie es im Artikel hieß, „innerhalb einer Stunde wieder auf der Straße und arbeiteten, um die Strafe abzahlen zu können". Es ist leichter für uns, jemanden zu finden, dem wir die Schuld in die Schuhe schieben können, und uns ganz dieser Person zu widmen, statt zu untersuchen, ob unsere Bemühungen vielleicht selbst die Schwierigkeiten verschlimmern, die wir bewältigen möchten. Wir werden später über den Beitrag von Peter Senge zum systemischen Denken sprechen. „Es gibt keine Schuld" lautet eines seiner Gesetze des systemischen Denkens (1990, S. 67).

— Wir kämpfen vergeblich gegen hartnäckige Probleme und bemerken nicht, daß wir das Problem in einer Weise definiert haben, die eine Lösung unmöglich macht. Im zweiten Beispiel in Kapitel 1 machte eine Gruppe von Kollegen sich heftige Vorwürfe, weil sie nicht als Team zusammenarbeiteten, ohne die Unmöglichkeit zu erkennen, unter den gegebenen Umständen ihre Vorstellung von Teamarbeit verwirklichen zu können.

— Aufgrund einer unklugen Definition des Problems setzen wir unsere Gedanken und unsere Energie am falschen Ort oder auf der falschen Ebene an. Einer von uns (BP) wurde aufgefordert, den Leiter einer Gesundheitsbehörde zu beraten; es ging dabei um ein Gemeindegesundheitszentrum, in dem ein ständiger Konflikt zwischen zwei Teamleitern herrschte. Wir kamen zu dem Schluß, die Ursache ihres Konfliktes läge in ungeklärten Streitpunkten zwischen Verwaltungs- und Klinikangestellten in gehobeneren Positionen innerhalb der Organisation. Die Arbeit der Teamleiter spiegelte diese Differenzen im Grunde nur wider. Solange der Manager sich weiterhin über seine Teamleiter Sorgen machte, blieben die Streitpunkte auf der höheren Ebene der Hierarchie unausgesprochen. (Wir haben dies als „unkluge" Definition des Problems bezeichnet. Aber da er es vermutlich nicht genossen hätte, seinen Vorgesetzten entgegenzutreten, lag vielleicht eine unbewußte Weisheit in der Art, wie er das Problem konstruierte.)

Harte und weiche Probleme

Peter CHECKLAND macht einen Unterschied zwischen harten und weichen Problemen (1981, S. 316). Beim harten Problem geht es darum, wirkungsvolle Mittel zu finden, um ein bestimmtes erwünschtes Endresultat zu erzielen. Wie können wir zum Beispiel in dieser stationären Einrichtung die Angestelltenkonferenzen organisieren, damit sowohl die Mitarbeiter der Tag- wie der Nachtschicht daran teilnehmen können? Der Wert dieser Zusammenkünfte ist nicht infrage gestellt: Das einzige Problem ist die Organisation.

Bei einem weichen Problem sind Zweck, Ziele und erwünschte Endresultate selbst problematisch. Es besteht ein Problem bei der Definition des Problems. In extremen Fällen hat der Manager in Bezug auf den gegenwärtigen Zustand ein unbehagliches Gefühl oder, positiver ausgedrückt, ein Gefühl der „göttlichen Unzufriedenheit", wie Charles KINGSLEY es nennt, kann dies aber nicht in Form eines Problems ausdrücken. Als Beispiel für ein weiches Problem nennt CHECKLAND folgende Frage: Was sollten wir mit unseren Schulen in den Innenstädten tun? Die Frage, was mit diesen Schulen geschehen soll, drückt Unzufriedenheit mit dem gegenwärtigen Zustand aus, würde einem Konsultanten aber die gewaltige Arbeit überlassen, herauszufinden, was sie erreichen sollen und welches die Mängel sind.

Funktionsstörungen

Probleme sind also nicht so fest, wie sie manchmal scheinen. Schon der Gebrauch des Nomens „Problem" kann uns zu dem Gedanken verführen, ein Problem sei ein objektives Ding. Aber wir als Konsultanten können nur in eingeschränktem Maß unsere Klienten in die Lage versetzen, neue Optionen zu entdecken, wenn wir es nicht schaffen, Nomen wieder in Verben zu verwandeln und zu erkennen, daß wir es eigentlich mit jemandem zu tun haben, der die Situation, in der er handeln muß, *problematisiert*.

Diese Erkenntnis ist ein zentraler Punkt in der Arbeit der Familientherapeuten Peter BRUGGEN und Charles O'BRIAN (1987, S.226 f.) Sie unterscheiden zwischen „Funktionsstörung" und „Beschwerde". Eine Funktionsstörung ist ein Zustand, der zugegebenermaßen ein hartes Problem ist: die Waschmaschine ist kaputt, Angestelltenkonferenzen sind durch mangelnde Beteiligung beschlußunfähig. Wir wissen, wie es wäre, wenn die Waschmaschine richtig funktionierte und die Zusammenkünfte ordentlich besucht würden. „Beschwerde" ist ein dynamischeres Konzept. Interessanterweise kann sich das Wort „Beschwerde" im normalen Sprachgebrauch sowohl auf einen unwillkommenen Zustand beziehen (z.B. auf Katarrh oder Ekzem) wie auf eine Mitteilung über einen Zustand („Ich möchte eine Beschwerde einlegen"). In diesem zweiten Sinn ist Beschwerde etwas, was in einem Gespräch auftaucht. Meine kaputte Waschmaschine wird eine Beschwerde, wenn ich den Elektriker anrufe. Für einige Beschwerden gibt es keine entsprechende klar definierte Funktionsstörung; und in der Welt der Organisationen – im Gegensatz zur Welt der hergestellten Geräte – ist es immer eine Frage der Beurteilung, was als Funktionsstörung zählt, denn der Zweck eines Treffens, eines Projektes oder eines Vorgangs kann von unterschiedlichen Menschen unterschiedlich beurteilt werden.

BRUGGEN und O'BRIAN sagen, sie fühlten sich unwohl, wenn Klient und Beschwerdeführer nicht dieselbe Person sind – wenn sie zum Beispiel über einen Dritten gebeten werden, sich um eine Familie zu kümmern. Sie fühlen sich unwohl, da sie gleichsam aufgefordert werden, die Familie als Problem zu akzeptieren, ohne Zugang zu dem zu haben, der sie als Problem definiert hat. Einer von uns (BP) wurde einmal von der Vorsitzenden des Leitungsgremiums eines Heims für Straftäter um Hilfe gebeten. Sie sagte, der Ausschuß mache sich Sorgen um den Heimleiter, der die Vorgänge im Heim vor ihnen verbarg und sich ihrer Meinung nach bei einigen Bewohnern emotional zu sehr engagiere. Würden wir uns mit ihm treffen? Glücklicherweise erkannten wir, daß der Ausschuß ein Problem hatte und nicht der Heimleiter. Soweit wir wußten, war der Heimleiter möglicherweise ganz zufrieden mit seiner Arbeit. (Wie sich später herausstellte, hatte der Heimleiter doch ein Problem, nämlich den Ausschuß.)

Einer von uns hatte einen Hund namens Joe, den die Familie für sehr dumm hielt. Wenn wir auf einen Ball auf der anderen Seite des Rasens zeigten und sagten: „Hol'!", guckte er auf die Hand, die zeigte, und nicht auf den Ball – unserer Meinung nach hätte er einen guten Konsultanten abgegeben.

Probleme werden gemacht und nicht geboren

Probleme tauchen also nicht unabhängig von uns auf: sie werden in unseren Köpfen und in unseren Gesprächen geschaffen. Waschmaschinen, die nicht waschen, und Vertreter, die nicht verkaufen, sind für sich genommen unschuldig: Sie sind nur für diejenigen ein Problem, die etwas anderes von ihnen erwarten. In unserer Analyse behaupten wir, die Definition eines Problems hängt von zwei Dingen ab; diese sind

- die *Ziele und Wünsche*, die den Problem-Besitzer zum Handeln motivieren, und
- der *Kontext*, in dem der Problem-Besitzer das Problem definiert, und insbesondere die Art, wie er denjenigen sieht, an den sich die Beschwerde richtet.

Der erste Punkt ist offenkundig. Die Anordnung der Figuren auf einem Brett, die wir ein Schachproblem nennen, ist nur dann ein Problem für mich, wenn ich die Herausforderung annehme, den schwarzen König in drei Zügen schachmatt zu setzen. Sonst ist es einfach eine Anordnung von Figuren. Der zweite Punkt soll daran erinnern, daß es klug ist, potentielle Klienten zu fragen, warum sie uns als Konsultanten gewählt haben. Ihre Antwort könnte ein Licht darauf werfen, in welcher Weise ihre Wahrnehmung unseres Wissens und unserer Fähigkeiten ihre Definition des Problems beeinflußt. Um ein altes Sprichwort abzuwandeln: Wenn wir für unseren Hammer berühmt sind, werden die Leute uns Probleme in Nagelform bringen.

Dynamische Komplexität

Sie als Leser werden vielleicht bei dieser Analyse ungeduldig und meinen, in den meisten Situationen reicht es, wenn man die Probleme in Angriff nimmt, die für den Klienten real sind, und das auch so, wie er sie darstellt. Wir akzeptieren dies insofern, als es Gelegenheiten gibt, bei denen auch wir die dargestellten Probleme unbesehen hinnehmen und versuchen, dem Betreffenden bei der Lösung zu helfen. Aber Manager befragen ihre Kollegen oder externe Konsultanten oft dann, wenn Lösungen, die der gesunde Menschenverstand eingibt, versagen. Sie haben das Problem vordergründig interpretiert und ihre Lösungen waren wirkungslos oder haben die Dinge verschlimmert. Viele Probleme haben eine „dynamische Komplexität", wie Senge (1990, S.71) es nennt, und bei ihnen hat der systemische Ansatz vielleicht eine größere Chance, Veränderungen herbeizuführen.

SENGE behauptet, Probleme benötigten besondere Aufmerksamkeit, wenn sie einen gewissen Grad an Komplexität erreichen, und es gäbe zwei Arten von Komplexität: *Detail-Komplexität* und *dynamische Komplexität*. Zu den Aufgaben mit Detail-Komplexität gehört z.B. die Ausarbeitung des Stundenplans für eine große Schule, die Entscheidung, welche Klasse welche Fächer bei welchem Lehrer und in welchem Klassenraum zu den jeweiligen Stunden der Woche haben soll. Detail-Komplexität kann mit den entsprechenden Verfahren in Angriff genommen werden. (Im Falle der Schulstundenpläne hat man uns gesagt, nicht einmal Computer könnten das schaffen – nur der stellvertretende Schulleiter könne das!)

Dynamische Komplexität ist etwas anderes. SENGE spricht von dynamischer Komplexität in Situationen, wo dieselbe Handlung kurz- und langfristig zu dramatisch anderen Ergebnissen führt; oder wenn eine Handlung ganz bestimmte Konsequenzen vor Ort hat, aber völlig andere in größerer Entfernung; oder wenn, wie bereits besprochen, offensichtliche Interventionen nicht-offensichtliche Ergebnisse zeitigen. Wenn ich feststelle: je beharrlicher ich ins Schlafzimmer meines halbwüchsigen Sohnes gehe und ihn für die Schule aufwecke, desto länger braucht er, um aufzustehen – dann weiß ich, ich habe es mit einer Situation dynamischer Komplexität zu tun.

Probleme entproblematisieren

Aus dieser Analyse folgt, daß ein Problem als gelöst betrachtet werden kann, wenn eine der beiden folgenden Bedingungen erfüllt ist:

– die Umstände ändern sich oder werden so geändert, daß dadurch die wahrgenommene Funktionsstörung behoben ist;

– der Problem-Besitzer betrachtet die Umstände nicht mehr als problematisch oder hört auf, sich nach einem Helfer umzusehen.

Unsere Fallstudie mit Clive in Kapitel 1 ist ein Beispiel für die erstgenannte Bedingung. Das „schwierige" Individuum wurde ein positives Mitglied des Teams und fing an, außer seinen eigenen auch anderen Prioritäten etwas Zeit zu widmen.

Es folgt ein Beispiel für die zweitgenannte Bedingung. Einer von uns (BP) wurde von Gillian, der Teamleiterin eines freiwilligen Projektes, um Rat gefragt. Dem Projekt war von seiner übergeordneten Organisation mit Schließung gedroht worden, da man zu der Überzeugung gekommen war, man könne nicht länger die notwendigen Gelder zur Verfügung stellen. Das Projekt sah sich nun vor der Entscheidung, sich entweder innerhalb eines Jahres selbst finanzieren zu können oder geschlossen zu werden. Im ersten Teil der Konsultation ging Gillian all die verschiedenen Ansätze, Geld einzutreiben, durch, die sie und ihr Team sich ausgedacht hatten und die alle hoffnungslos waren. Es schien keinen Weg nach vorn zu geben. Im Laufe der Konsultation hörte sie jedoch auf, den Gedanken der Schließung von sich zu weisen, und akzeptierte sie schließlich als das wahrscheinlichste Ergebnis. Anders ausgedrückt, sie hieß die Schließung zwar nicht willkommen, hörte aber auf, sie als das große Problem zu sehen, das sie zu lösen hatte. Sie sah am Ende ihre Priorität darin, ihr therapeutisches Verständnis des Trauerprozesses den Klienten und Mitarbeitern des Projekts zugute kommen zu lassen und sie in die Lage zu versetzen, ihre Beziehung zum Projekt auf konstruktive Weise zu beenden. Um den Verdacht abzuwehren, sie sei zu pessimistisch, würde sie einige Initiativen zur Geldbeschaffung zwar noch weiterhin verfolgen, das Ergebnis aber distanziert betrachten.

* * *

In unseren Workshops für Manager war WATZLAWICKS Unterscheidung zwischen einer Schwierigkeit und einem Problem von großer Bedeutung (WATZLAWICK, WEAKLAND & FISCH, 1974). In seinem Sprachgebrauch ist eine Schwierigkeit ein unerwünschter Zustand – man behebt ihn entweder mit Hilfe des gesunden Menschenverstandes oder man stellt sich auf ihn ein und lebt mit ihm, weil er Teil des Lebens ist und es keine bekannte Lösung gibt. Ein Problem ist eine ausweglose Situation, die durch schlechte Handhabung einer Schwierigkeit entstanden ist und aufrechterhalten oder oft sogar noch verschlimmert wird.

WATZLAWICK nennt als Beispiel den Alkoholismus. Alkoholismus kann als ernstes soziales Problem betrachtet werden. Wenn man aber einen Lösungsversuch unternimmt, indem man den Verkauf von Alkohol verbietet, wird die Heilung letztlich schlimmer als die Krankheit, wie sich in den USA in den zwanziger Jahren herausstellte. Das Verbot macht den Menschen ihren Wunsch zu trinken stärker bewußt, erfinderischer Unternehmungsgeist wird mobilisiert, um ihn zu befriedigen, und Alkoholismus nimmt zu. In dem Versuch, ihn zu stoppen, greift der Arm des Gesetzes noch stärker zu, wodurch aber das Problem vergrößert statt beseitigt wird. Alkohol von schlechter Qualität wird zu einem zusätzlichen gesundheitlichen Problem; Korruption, Schmuggel und Bandenkriege breiten sich aus. Dies nennt WATZLAWICK eine „mehr desselben"-Lösung: Wir werden deren Dynamik in Kapitel 4 erörtern.

Das Problem des Drogenmißbrauchs stellt sich als ähnlich geartet heraus. In einem veröffentlichten Interview fragt der Dramatiker David HARE eine frühere Leiterin des Forschungsressorts im Innenministerium, Mary TUCK, ob sie Drogen entkriminalisieren würde. Sie antwortet:

> Oh, zweifellos. Es handelt sich um genau dieselbe Frage wie bei der Prohibition in den zwanziger Jahren. Sehen Sie sich Amerika an. Sie schaffen eine Bandenkultur, in der alles bei vorgehaltener Pistole getauscht wird. Der natürliche Preismechanismus des Marktes wird zerstört. Sie bekommen Prostitution, Überfälle, Einbrüche – alles, um den künstlich hochgehaltenen Preis der Ware zu finanzieren. Sie zerstören südamerikanische Länder, und zur Durchsetzung des Gesetzes schaffen sie eine unerträgliche Kostenlast, die sich keine Gesellschaft leisten kann. In Amerika sind die Innenstädte völlig zerstört und in der Hand von Kriminellen – alles, um den Preis von Crack und Heroin zu schützen. (HARE, 1993, S.91)

Ist es also besser, nichts gegen Alkoholismus oder Drogenmißbrauch zu tun? Nicht notwendigerweise; aber um besser zu sein als Nichtstun, muß jede Strategie zunächst einmal das Problem in einer Weise definieren, die einen gewissen Grad von Alkohol- und Drogenmißbrauch als in unserer Gesellschaftsform unvermeidbar akzeptiert: sie sind „Schwierigkeiten" unserer Gesellschaft.

Der Anfang

Wie reagieren wir also, wenn jemand uns ein mehr oder weniger klar definiertes Problem vorstellt und uns um Hilfe bei der Bewältigung bittet? Im nächsten Kapitel wird erläutert, wie wir durch geschicktes Fragen allmählich das aufdecken, was wir in Angriff nehmen sollen. Im Moment befassen wir uns nur mit der Haltung des Konsultanten. Wenn wir am Anfang naiv sind, finden wir uns später vielleicht in einem Morast wieder. (Auch wenn wir am Anfang schlau sind, finden wir uns vielleicht später in einem Morast wieder, aber wenn wir verstehen, was bei der Definition der Probleme geschieht, haben wir eine größere Chance, uns wieder zu befreien.)

Kurz gesagt, die Herausforderung besteht darin, auf mindestens drei Dinge gleichzeitig zu achten:

- auf das Bild von der Situation des Klienten, das sich vor uns entfaltet;
- auf die Art und Weise, wie der Klient in seiner ersten Aussage und im weiteren Verlauf des Gesprächs dieses Bild aufbaut;
- auf die Art und Weise, wie wir selbst darauf reagieren und zu diesem Prozeß beitragen.

Wir können nicht an all diese Dinge gleichzeitig denken, aber wir können lernen, im Verlauf der Konsultation auf alle drei zu achten. Stellen wir uns z.B. vor, ein Projektleiter in einer freiwilligen Organisation stellt sein Problem einem Konsultanten in folgender Weise vor, wie es in einem unserer Workshops geschah: „Wie kann ich meine Mitarbeiter dazu bringen, miteinander zu reden und einander zu vertrauen?" Wir richten unsere Aufmerksamkeit zuerst auf die anfängliche Darstellung des Bildes. Es ist ein Bild, bei dem nicht alles gut bestellt ist zwischen den Mitarbeitern: sie sprechen nicht miteinander und sie vertrauen einander nicht. Als zweites halten wir fest, daß es sich hierbei um das Bild des Klienten von den Vorgängen handelt: wir wissen nicht, ob andere am Projekt Beteiligte dasselbe sagen würden, oder wie unsere Reaktion wäre, wenn wir sie besuchten. Die Geschichte des Klienten reflektiert in gewisser Weise seine Sorgen, Ziele und Wünsche, über die wir bis jetzt noch nicht viel wissen. Sie kann auch seine Ansicht über uns reflektieren und das, was ihm seiner Meinung nach unser Interesse und unsere Unterstützung garantiert. Er spricht über eine Funktionsstörung, aber was wir hören, ist eine Beschwerde.

Drittens, wenn wir aufmerksam auf unsere eigenen Reaktionen achten – auf unsere Gefühle dem Klienten und seiner Geschichte gegenüber und auf unsere Äußerungen und Fragen – können wir auch feststellen, ob wir uns vielleicht in die Geschichte hineinziehen lassen, die Mitarbeiter ebenfalls für mißtrauisch halten und dies mißbilligen, oder ob wir den Klienten und seine Geschichte ablehnen und eine kritische Haltung einnehmen. Durch Wachsamkeit auf dieser Ebene des Dramas werden wir in die Lage versetzt, einen systemischen Ansatz für die Situation des Klienten zu übernehmen.

Die Spannung zwischen Zuhören und Intervenieren

In diesem Stadium bemühen wir uns also, sowohl die Beschreibung des Klienten von seiner Situation anzuhören, als auch uns selbst dazu zu positionieren. Wenn wir zu sehr damit beschäftigt sind, Fragen zu stellen und Formulierungen des Problems vorzuschlagen, ersticken wir unter Umständen die Stimme der Sorge in unserem Klienten, die wir nicht mit dem anfänglich dargelegten Problem gleichsetzen sollten. Wenn wir andererseits nur zuhören und die Situation so nehmen, wie sie dargestellt wird, fallen wir vielleicht auf eine Problemformulierung herein, die selbst das Problem ist. Dies ist eine der Fallen, die wir zu Beginn des Kapitels aufzählten. Oder wir versäumen es, klarzustellen, inwieweit der Klient für das beschriebene Problem verantwortlich ist; dabei riskieren wir, viel Zeit mit der Erklärung einer Situation zu verbringen, auf die der Klient keinen Einfluß hat. Damit soll nicht gesagt werden, es sei an sich ein Fehler, einfach zuzuhören: es ist möglich, zuzuhören, ohne sich dem Urteil des Klienten über die Problematik der Situation anzuschließen. Dazu gehört aber die Wahrung einer gewissen Distanz, die es uns ermöglicht, das entstehende Bild aufzunehmen und gleichzeitig nicht zu vergessen, daß der Klient dieses Bild aus einer bestimmten Position heraus und in einem bestimmten Stil gemalt hat. Einfach zuhören ist nicht immer leicht.

In unseren Workshops fiel uns auf, wie schwierig es für Manager war, sich selbst in Hinblick auf die Situationen, die von den anderen Workshopteilnehmern dargelegt wurden, zu positionieren. Sie benutzten die Information klug und stellten scharfsinnige Fragen, akzeptierten aber zu schnell das angebotene Bild und pflichteten stillschweigend dem Urteil des Berichtenden über das, was falsch sei, bei. Das ist völlig verständlich: Sie sind Kollegen im Workshop, arbeiten oft im selben Bereich und identifizieren sich bereitwillig mit den Schwierigkeiten des Darstellenden. Es ist für Konsultanten und Klient sehr befriedigend, gewissermaßen Seite an Seite zu sitzen und eine Funktionsstörung zu analysieren, die sich in sicherem Abstand „da drüben" abspielt. Manchmal haben sie gute Einfälle; aber sie setzen dem, was sie erreichen können, auch Grenzen. Denn wenn das Verhalten des Darstellenden selbst Teil des Interaktionsmusters ist, das die Funktionsstörung am Leben erhält, sind sie nicht in der Lage, das zu sehen oder zu sagen.

Diese Schwierigkeit beschränkt sich nicht auf die besonderen Umstände von Workshops. Jeder, der formell oder informell als Konsultant agiert, trifft bewußte oder unbewußte Entscheidungen darüber, welche Position er in Bezug auf den Klienten und seine Geschichte einnimmt. Für den internen Konsultanten kann die Schwierigkeit darin liegen, ein Bild als *konstruiert* zu betrachten, das in gewissen Punkten mit seiner eigenen Realität der Organisation übereinstimmt: Der Klient sagt, der Chef sei inkompetent, und das meint der Konsultant auch. Für den externen Konsultanten kann die Schwierigkeit darin bestehen, ein Problem als konstruiert zu betrachten, bei dem er die Aufgabe übernommen hat – zumindest in den Augen der anderen – es zu *lösen*. Aber schon der Gedanke, „intern" oder „extern" zu sein, ist an sich eine Konstruktion, die im (rekursiven) systemischen Denken verschwindet. Zur systemischen Praxis gehört es, die Beschreibung des Klienten als Information zu akzeptieren und gleichzeitig weiter an der Formulierung von Hypothesen zu arbeiten, die das Verhalten des Klienten in die dargelegten Prozesse mit einbezieht. Dies ist Thema eines späteren Kapitels (Kapitel 4).

Kapitel 3
Die richtigen Fragen stellen

> Wo Menschen sich binden möchten, sollten sie immer unwissend sein. Mit gut informiertem Geist zu kommen, bedeutet, mit der Unfähigkeit zu kommen, der Vielfalt der anderen gerecht zu werden, was ein kluger Mensch immer zu vermeiden wünscht. Besonders eine Frau sollte es so gut wie möglich verbergen, wenn sie das Unglück hat, etwas zu wissen.
>
> Jane A<small>USTEN</small>, Northanger A<small>BBEY</small>

Von Weisheit in menschlichen Angelegenheiten scheinen wir dann zu sprechen, wenn jemand in der Lage ist, die richtigen Fragen zu stellen. Ein „gut informierter Geist" kann ein Hindernis für Einsicht sein, und die Fähigkeit, die eigene Ignoranz in Fragen umzuwandeln, ein unbezahlbares Geschick. In der Konsultation haben Fragen mehrere Funktionen. Bei der Untersuchung von Situationen, die uns Klienten vorstellen, verfolgen unsere Fragen zwei umfassende Ziele:

– Konsultant (und ratsuchender Manager) sollen in die Lage versetzt werden, zu einer Hypothese zu gelangen, warum die Situation so ist, wie sie ist;

– Manager (und Konsultant) sollen dahin geleitet werden, die problematische Situation aus einer neuen Perspektive zu sehen und die Vorgänge, die sie für problematisch halten, „umzudeuten". In diesem Sinne ist jede Frage auch eine Intervention.

In diesem Kapitel befassen wir uns mit der Art von Befragung, mit deren Hilfe diese Zwecke erfüllt werden können. Wir zeigen dies fast ausschließlich an unseren Erfahrungen in Workshops, da wir in diesem Kontext die detailliertesten Notizen gemacht haben. Die Prinzipien lassen sich aber überall anwenden.

Zuhören und Klären

Zuerst gibt es eine Geschichte zu erzählen. Manager beschreiben Situationen, die sich ihrer Meinung nach ändern sollten, es aber nicht tun, oder die sich ändern, es aber nicht sollten. Ihre Gefühle variieren von leichtem Unbehagen bis zu ausgesprochener Angst und Sorge. Wenn wir eine Konsultation beginnen, fordern wir die Manager auf, uns die Geschichte auf ihre eigene Art zu erzählen, und wir versuchen zu verstehen, wie dieser Mensch die Ereignisse wahrnimmt und welche Bedeutung sie für ihn haben. Oft wird zuerst die Überzeugung genannt, eine Situation sei durch eine bestimmte Person oder Handlung zustande gekommen. Wir stellen die Interpretation der Ereignisse nicht direkt infrage. Wir versuchen, uns in das System des Klienten hineinzufinden und außerdem das Eigentliche der unerwünschten Situation zu verstehen. Das heißt, wir müssen einen schwierigen Balanceakt einhalten und interessiert, neugierig, besorgt und hilfreich aussehen und handeln, dabei aber gleichzeitig bestrebt sein, nach Voreingenommenheit, Auslassungen und persönlichem Urteil zu suchen.

In unseren Workshops haben einige Manager die Position sehr genau umrissen – fast als wüßten sie bereits, was zu tun wäre, würden sich aber gern beraten lassen, welche Schritte im einzelnen zu unternehmen seien.

* * *

Alethea, Team-Managerin einer großen Gruppe von Angestellten, faßte die Situation, an der sie zu arbeiten wünschte, folgendermaßen zusammen:

> Ich habe drei Jahre gebraucht, um nach einer Umstrukturierung aus unterschiedlichen Gruppen von Angestellten ein geschlossenes Team aufzubauen. Jetzt muß ich eine andere kleine Gruppe von Angestellten mit aufnehmen, die widerwillig und völlig demoralisiert sind. Wie kann ich dies effektiv bewerkstelligen?

Michael, ein höherer Beamter in einem Gemeinde-Sozialamt, fragte:

> Was kann ich tun, um mir angesichts der Ziele und Einschränkungen der Organisation etwas persönlichen Raum zu verschaffen?

Die Probleme anderer sind nicht so spezifisch und müssen noch weiter „ausgepackt" werden:

> In der für Kinder verantwortlichen Abteilung des Sozialamtes von Exchester herrscht ständig eine konfliktträchtige und spannungsgeladene Atmosphäre, über die zwar gesprochen, die aber nie bereinigt wird. Wir haben das Gefühl, dies hindert uns daran, Fortschritte zu machen. Wie kann ich die Lage positiv beeinflussen – bin ich das Problem oder ist es die Organisation?

Ein anderes, von Thomas vorgestelltes Problem, das den Konsultanten zunächst sonderbar erschien, lautete:

> Wie schafft die Organisation es, mir auf der einen Seite freie Hand für meine eigenen Sachen zu lassen und mich auf der anderen Seite gleichzeitig zu blockieren?

* * *

Um die Teilnehmer unserer Workshops in die Lage zu versetzen, die Schritte des Konsultationsprozesses zu verstehen, interpunktieren wir einzelne Phasen: Fragen stellen, Hypothesen formulieren und dem Manager, der sich für eine Konsultation entschieden hat, mögliche Handlungsweisen vorschlagen. Oft ziehen wir eine weitere künstliche Trennlinie bei den Fragen, und zwar zwischen dem „klärenden" Stadium, in dem eine vorläufige Skizze gezeichnet wird, und der eigentlichen Befragung, bei der wir mit Hilfe systemischer Fragen die zugrundeliegenden Prozesse und Bedeutungen erforschen. Dies ist aber nicht mehr als ein pädagogisches Hilfsmittel; in den Workshops und in unserer tagtäglichen Arbeit kann jede Frage mehr Information darüber ergeben, was tatsächlich geschieht, oder den Manager dazu bringen, die Situation anders zu sehen, oder beides. Wir verfolgen zwar unsere Absichten, die sich freilich im Laufe des Interviews verschieben, aber wir können nie wissen, welche Wirkung unsere Fragen haben, denn wir haben keine Möglichkeit zu erfahren, welche Botschaft oder Bedeutung sie vermitteln, besonders bei einem Fremden, dessen Glaubenssysteme und Kontexte uns nicht bewußt sind.

Wer, was, wo, wann und wie viele?

Der erste Schritt ist daher, die Situation, wie der Manager sie sieht, skelettartig zu erfassen. Wir brauchen vielleicht nicht viele Fragen zu stellen; oder, wenn wir es doch tun, sind es Fragen nach „Fakten" (wer, was, wo, wann und wie viele), die Lücken in der Erzählung des Managers ausfüllen. Wir haben „Fakten" in Anführungsstriche gesetzt, da weiteres Fragen uns meistens daran erinnert, daß „Fakten" nicht so unverrückbar sind, wie sie scheinen. In diesem Stadium machen wir nicht mehr, als eine vorläufige Skizze zu entwerfen, mit der wir arbeiten können.

Durch dieses erste Fragen stellen wir fest, seit wann nach Meinung des Managers die Situation sich so entwickelt hat; welches die wichtigsten Ereignisse in der Vergangenheit waren; wer die entscheidenden Akteure waren und auf welcher Ebene sie in der Organisation stehen; und welche Verantwortung die berichtende Person ihrer Meinung nach für die Situation trägt. Wir fragen den Manager auch, welche Schritte er bisher unternommen hat, um das Problem zu lösen, und welche Ergebnisse er damit erzielt hat. Dies ist wichtig, und es erfordert einige Disziplin, an diese Frage zu denken, und nicht nur mit Lösungen, die uns vielleicht gerade einfallen, beschäftigt zu sein. In den Workshops gefällt es einigen Managern nicht besonders, um Konsultation bitten zu müssen. Sie sind unter Umständen versucht, Information zurückzuhalten, und sagen dann am Ende der Konsultation, wenn ihnen eine hoffnungsvolle Intervention angeboten wird: „Also, das haben wir versucht, und es hat nicht funktioniert."

In den frühen Stadien hilft im allgemeinen folgendes bei der Erforschung:

1. Seien Sie praktisch und präzise und erforschen Sie die Umstände der problematischen Situation. Wir könnten z.B. fragen: Wann hat die Situation angefangen? Was geschah zu der Zeit im Team? Was geschah in der Organisation insgesamt?

2. Erbitten Sie klare Beschreibungen dessen, was die Menschen sagen und tun – vielleicht eine „Video-Beschreibung", wie ein Kollege, James WILK, es nannte. Wenn sie angeblich besorgt oder ängstlich, feindselig oder inkompetent sind, wie äußert sich diese Sorge, Angst, Feindseligkeit oder Inkompetenz? Was würden wir auf dem Videoband sehen oder hören? Dies ist nicht so einfach, wie es den Anschein hat, besonders wenn man mit den betreffenden Menschen spricht. Es gibt gesellschaftliche Normen, die festlegen, wie wir auf Leute reagieren sollen, die Gefühle zum Ausdruck bringen. Wenn ein Manager sagt: „Ich bin wegen meines Teams äußerst deprimiert", haben wir vielleicht das Gefühl, wir müßten ihn bemitleiden oder die Aussage übergehen. Es kann brutal erscheinen, die Frage aufzuwerfen: „Welche Handlungsweisen bewirkt diese Depression bei Ihnen oder woran werden Sie dadurch behindert?"

3. Untersuchen Sie jegliche Tendenz, Einzelne zu Sündenböcken zu machen und Probleme des Teams oder der Organisation an einer Person festzumachen. Wenn von einer Person gesagt wird, sie gibt stets eine vernichtende Kritik über die Ideen der anderen ab, dann fragen Sie: Wie oft macht sie dies? Wo? Unter welchen Umständen? Was macht sie sonst noch, was destruktiv ist? Was macht sie, was konstruktiv ist? Wenn man feststellt, daß sich das

problematische Verhalten in nur etwa 1% des Arbeitstages zeigt und nicht in 99%, hat man eine gute Möglichkeit, den vorhandenen Mythos in einer Organisation infrage zu stellen.

Systemisches Fragen

Dann bitten wir die Teilnehmer, die die Rolle der Konsultanten übernommen haben, zu zweit über einige wenige Fragen zu diskutieren, die ihrer Meinung nach unbedingt untersucht werden müßten. Dies ist eine gute Übung, da die Beschränkung auf eine bestimmte Zahl von Fragen sie dazu zwingt, eine vorläufige Hypothese zu entwickeln. Es könnte auch eine nützliche Übung für ein Team sein, das versucht, seine Fähigkeiten im systemischen Denken weiter zu entwickeln, indem es an eigenen Situationen oder Fällen arbeitet.

Das Ziel des systemischen Fragens liegt darin, die versteckte Ordnung einer Organisation zu erfassen; die Beziehung zwischen offenen und verdeckten Regeln und Strategien zu erkunden (falls es eine solche gibt); Probleme und Rätsel als Symptome für etwas anderes zu sehen; und Manager in die Lage zu versetzen, Komplexität zu verstehen, Spaß an ihr zu haben und mit ihr fertig zu werden, statt sie zu reduzieren, indem sie Einzelnen die Schuld zuschieben. Es ist eine Möglichkeit, nach Verbindungen zwischen Menschen und Ereignissen zu suchen. Es ist auch eine Möglichkeit, herauszufinden, was in der Geschichte des Managers ausgelassen wurde: Es gibt meistens irgendwelche wichtigen Verbindungen, die nicht erkannt werden, bevor nicht die richtige Frage gestellt wird; oder es gibt Details, die dem Manager peinlich sind und die er übergehen möchte. Wie wir in Kapitel 2 festgestellt haben, werden Probleme von Menschen konstruiert. Manager stellen Situationen dar, die ihrer Meinung nach ausweglos sind; geht eine Gruppe oder ein Einzelner unter einem neuen Blickwinkel an die Situation heran, trägt dies oft dazu bei, die Interpretation des Managers umzudeuten, und er kann die Lage anders empfinden, weniger besorgt durch sie sein und „sich anderen Dingen widmen".

Die Fragen nähern sich der Formulierung systemischer Hypothesen aus verschiedenen Richtungen. Wir unterscheiden folgende Ziele:

- Zirkularität eingeben;

- Muster eingeben;

- Bedeutungen erkunden

- verdeckte Regeln erkunden;
- die Zeitdimension erkunden.

Wir erörtern jede dieser Strategien in den folgenden Abschnitten.

Zirkularität eingeben

Einige Fragen verfolgen die Absicht, das Bewußtsein von Konsultant und Klient für Rückkopplungsprozesse zu schärfen – was BATESON „Kreislauf" nennt. Gegenseitige Beeinflussung bei der Verfestigung von Ereignismustern kann durch Fragen folgender Art aufgedeckt werden: „Wenn A das macht, was machen Sie dann?" „Was macht A als nächstes?" „Was macht B dann?"

* * *

Peter war Manager eines kleinen Teams in einer Gemeindeverwaltung. Er fragte um Rat in Bezug auf eine Gruppe von vier Angestellten, von denen eine, Mary, sich nicht richtig einpaßte. Er wurde nach dem Verhalten von Mary im Vergleich zu den anderen befragt, deren Arbeit in Ordnung war. Er wurde auch gefragt, wie er in Bezug auf die einzelnen Beschwerden, die er ansprach, reagierte. Folgende Fragen wurden ihm unter anderem gestellt:

- Könnten Sie Marys Tag beschreiben? (Der Team-Manager war nur wenig darüber informiert.)
- Was erwarten Sie von Mary?
- Weiß sie das, und wenn, woher?
- Wie reagieren Sie, wenn sie eine Aufgabe nicht erledigt?
- Haben Sie darüber nachgedacht, disziplinarische Maßnahmen zu ergreifen?
- Wenn Mary hier wäre, was würde sie über Ihr Verhalten als Manager ihr gegenüber sagen?

Durch diese Fragen wurde dem Manager implizit bewußt, daß er seiner Team-Kollegin nicht genügend klare Anweisungen und Feedback gab. Er war in der Lage, sich selbst gute Ratschläge zu geben, was er in Zukunft tun könnte.

* * *

Sarah machte sich Sorgen wegen eines langjährigen Mitarbeiters, Robert, den sie vor drei Jahren übernommen hatte, als ihr die Leitung des Projekts übertragen wurde. Obwohl Robert zu den übergeordneten Mitarbeitern gehörte, schien er gegenüber der neuen Leitung und Richtung ablehnend und unglücklich zu sein und ermunterte die jungen Leute, die zu den Klienten des Projekts gehörten, zur Rebellion.

Die Fragen des Konsultanten nahmen Sarahs Vermutungen, die sie beim Erzählen ihrer Geschichte aufstellte, nicht einfach für bare Münze:

- Für wen stellt Roberts Verhalten ein Problem dar – die anderen Mitarbeiter, die jungen Leute, die Kontakte von außen?
- Was müßte sich sonst noch ändern, bevor Robert sich ändern könnte?
- Können Sie uns sagen, was Robert gut macht und wie Sie ihn belohnen, und auch womit er Sie zornig macht?
- Wie würden andere Angestellte Ihre Beziehung zu Robert beschreiben?
- Was würden die jungen Leute an positiven und negativen Dingen über Robert aufzählen, wenn Sie sie nach ihrer Meinung fragten?
- Wenn trotz dieser Konsultation keine Veränderung in Roberts Verhalten auftritt, was wird Ihrer Meinung nach die Konsequenz in zwei Jahren sein?
- Wenn Sie Robert wären, was würden Sie dann als Gründe für die Probleme bei den Mitarbeitertreffen angeben? (Es schien am intellektuellen Inhalt zu liegen – seine Stärke lag in den praktischen Aufgaben und in seiner Beziehung zu jungen Menschen.)

Die allgemeine Richtung dieser Fragen ergab sich aus Sarahs Antwort auf die erste Frage. Sarah mußte ehrlicherweise zugeben, daß sich niemand sonst über Roberts Verhalten Sorgen machte und er den jungen Klienten nahestand, ihre Bedürfnisse verstand und bei ihnen allgemein anerkannt war. Infolge dieser Sitzung schien Sarah sich in Bezug auf Robert zu beruhigen. Drei Monate später bemerkte sie nebenbei, er sei kein großes Problem mehr und andere Themen seien wichtiger geworden.

* * *

Konsultanten müssen sich gewöhnlich sehr darum bemühen, statt solcher Aussagen wie „Er ist hinterhältig" und „Ich bin überlastet" klare Beschreibungen von problematischen Verhaltensweisen zu erhalten. Fragen wie „Was genau hat er gemacht, was in Ihren Augen hinterhältig ist? Welche Anzeichen haben Sie?" oder „Wovon werden Sie durch dieses Gefühl, überlastet zu sein, abgehalten? Was würden Sie gern tun?" können eine genauere Beschreibung provozieren. Auf diese Weise sehen Manager im Laufe der Zeit deutlicher, wie sie sich immer wieder damit beschäftigen, Situationen zu konstruieren.

Muster eingeben

Mit anderen Fragen holt man allmählich Muster in Beziehungen hervor, die im Zusammenhang mit bestimmten Situationen entstehen. In jeder großen Organisation hat praktisch jeder eine Gruppe von Kollegen, die in der Hierarchie über ihm steht, eine die unter ihm steht und andere, die auf der gleichen Stufe stehen. Probleme ergeben sich häufig, weil jemand in einem anderen Zusammenhang auf einer anderen Ebene den kürzeren zieht. Zum Beispiel sind leitende Manager oft unter Druck und schieben ungerechtfertigterweise Untergebenen die Schuld für Entscheidungen zu, die sie selbst ursprünglich unterstützt haben, für die sie jetzt aber von einflußreichen Kollegen kritisiert werden.

Fragen, die aufzeigen, wie die drei Ebenen verbunden sind, klären nach und nach das Gewebe interpersoneller Beziehungen in der betreffenden Situation. Manchmal zeigen sie verzerrte Macht- und Autoritätsverhältnisse innerhalb der Organisation, bei denen einige Manager übergangen und von Informationen und Entscheidungen ausgeschlossen werden, auf die sie eigentlich aufgrund ihrer Position Anspruch hätten. Die Bereiche, über die es sich in diesem Kontext zu informieren lohnt, sind Macht und Intimität.

Macht

Um Machtbeziehungen zu erforschen, stellen wir etwa folgende Fragen:

- Wer hat die größte Macht im Team? Wer die geringste? Welche Methoden benutzen sie?
- Wer verbündet sich mit wem? Wer ist gegen wen? Wo liegt in Bezug auf das Problem die Entscheidungsmacht – im Team oder woanders?

* * *

Ellas Situation ist ein Beispiel für eine Befragung, die die Auffassung des Managers von der problematischen Situation völlig veränderte (siehe auch PALMER & MCCAUGHAN, 1988). Vollständigkeitshalber beschreiben wir die ganze Konsultation.

Ella stellte ihre Schwierigkeit anfangs als einen Konflikt zwischen sich und einem Kollegen aus dem benachbarten Bewährungshelferteam dar, der mit ihr in einer Klientengruppe zusammenarbeitete. Bei der Erkundung dieser Beziehung wurde sie auch nach anderen Beziehungen auf unterschiedlichen Ebenen befragt; z.B.: Wer supervidierte die Gruppe? Stand der Supervisor ihr oder Mike (dem Mitarbeiter) näher? Wie arbeiteten ihre beiden Team-Leiter zusammen? Bestand ein Unterschied zwischen den beiden Teams in Bezug auf Macht und Einfluß? Wer wurde von wem als der Erfolgreichste angesehen? Ellas ehrliche Antworten deckten mehr über den Kontext der dyadischen Arbeitsbeziehung auf.

Es gab einen offenen und schmerzlichen Konflikt zwischen den drei Bewährungshelferteams in dieser Region. Ellas Team war mit der speziellen Auflage zusammengestellt worden, gemeindenahe Ansätze zu entwickeln, wie man mit Straftätern in der Nachbarschaft arbeiten könnte. In zwei Jahren hatten sie keinen sichtbaren Erfolg gehabt, und deshalb mußten die einzelnen Mitarbeiter in den anderen beiden Teams mehr Fälle übernehmen. Einige der ursprünglichen Team-Mitarbeiter, die sich der Gemeindearbeit verschrieben hatten, waren entmutigt fortgegangen. Andere, zu denen auch Ella gehörte, waren neu zum Team hinzugekommen und zweifelten an der Durchführbarkeit des Konzepts. Die anderen beiden Teams machten bissige Bemerkungen über den Mißerfolg ihrer Kollegen. Außerdem gab es jetzt Risse innerhalb des Teams, besonders zwischen Ella und einer anderen, Laura, die als Begründerin des Projekts diesem am stärksten verbunden war. Mike stand Laura nahe. Eine Hypothese war offensichtlich: Die Frustration über ein mißlingendes Projekt fand ihren Ausdruck in einem Konflikt zwischen den Teams, und der Konflikt zwischen Ella und Mike verdeckte die schädlicheren Unterschiede zwischen den beiden Fraktionen in Ellas Team.

Die Konsultanten schlugen Ella folgendes vor:
– Bitten Sie um ein besonderes Treffen mit Mike, um über die nicht zufriedenstellende Arbeitsbeziehung zu diskutieren;
– bitten Sie eine dritte Person, anwesend zu sein (damit sie nicht in immer wieder denselben Argumenten steckenbleiben);

- bitten Sie Laura, die dritte Person zu sein;
- organisieren Sie nach dem Treffen ein Gespräch mit Mike, sich selbst und Ihrem Supervisor (der auch Ellas Team-Leiter war) über das Ergebnis.

Hierdurch sollte die Situation auf verschiedenen Ebenen angesprochen werden. Es würde ein potentiell konstruktiveres Treffen zwischen Mike und Ella geben. Es würde Ella und Laura bei der Lösung eines fachlichen Problems (ihrer Beziehung bei der Zusammenarbeit) einander näher bringen. Und es würde dem Teamleiter, der neu war, eine Handhabe in der Situation geben.

Einen Monat später, im zweiten Teil des Kurses, berichtete Ella, sie habe die zwei vorgeschlagenen Treffen organisiert. Durch das Aufbrechen der bestehenden Beziehungsmuster war die ganze Problematik der gemischten Gefühle, die das Team bezüglich des Projektes hatte, deutlich geworden. Der Team-Leiter hatte Ella um Rat gebeten, wie man eine Sondersitzung vorbereitet, auf der die Projektarbeit durchgesprochen werden könnte. Das Team einigte sich darauf, daß die Fortführung dieses speziellen Projektes nicht praktikabel war angesichts des fortgesetzten Drucks durch Einzelzuweisungen, der Weigerung vorgesetzter Manager, die Team-Mitglieder von ihren normalen Pflichten zu entbinden und angesichts der allgemein fehlenden Fähigkeit und Erfahrung der Team-Mitglieder in der Gemeindearbeit. Durch weitere Fragen wurde aufgedeckt, daß die ganze Idee der Gemeindearbeit umstritten war; sie war von einem ehrgeizigen Assistenten des höchsten Beamten im Bewährungshelferdienst eingeführt worden, und zwar auf Anweisung von dessen Vorgesetztem, der nicht wirklich hinter diesen Ideen stand. Schließlich wurde das Problem auf höchster Ebene neu diskutiert und der Gedanke an ein Spezialteam für Gemeindearbeit ganz fallengelassen.

* * *

Fragen zur Macht bringen aufschlußreiche Antworten. Scheinbar schwache oder verletzbare Menschen können zeitweise sehr mächtig sein (was Eltern von dreijährigen Kindern nichts Neues sein dürfte). Das liegt an den Beschützerinstinkten, die sie in anderen wachrufen können und an der Schaffung dessen, was Eric BERNE (1966) das „Geschäft mit dem Beschützen" nennt. Wir meinen damit nicht nur die legitime, offene Macht, die in den Reihen der Autorität ansässig sein sollte, sondern auch den persönlichen Erfindergeist und die Dominanz von Einzelnen, die von anderen Macht erhalten, Organisationsstrukturen infrage zu stellen und zu testen.

Eine häufig auftretende problematische Situation in Bezug auf Autorität kann sich ergeben, wenn ein Team-Leiter von außen für ein Team bestimmt wird, in dem langjährige Mitarbeiter sich für den Job beworben haben. Oft sind sie mit ihrer Enttäuschung und ihrem Ärger darüber, den Job nicht bekommen zu haben, noch nicht fertiggeworden, obwohl sie sich oberflächlich betrachtet herzlich und hilfsbereit verhalten. Verletzlichkeit und Unsicherheit seitens des Neuankömmlings in Verbindung mit übertrieben kritischer Wachsamkeit der früheren Rivalen, die es gerne immer wieder „darauf ankommen lassen", können im Laufe der Zeit dazu führen, daß der Team-Leiter immer inkompetenter wird, was verheerende Folgen hat.

Intimität

Es kann auch sinnvoll sein, Bindungen innerhalb des Teams zu untersuchen. Wie Bob GARRATT (1990) hervorhebt, können höhere Manager ihre Rolle nicht erfüllen, wenn sie von ihren Kollegen nicht akzeptiert werden. In solchen Fällen wird ihnen unter Umständen wichtige Information vorenthalten, die sie für eine effektive Arbeit brauchen. Sozialpsychologen haben die affektiven Bedürfnisse von Menschen in Organisationen beschrieben. Der Einzelne kämpft darum, die beste Balance für sich selbst zu finden, um grundlegende Bedürfnisse der Gruppe auf seine eigene individuelle Art zu befriedigen. Enge Freundschaften und erotische Bindungen haben eine starke Auswirkung auf Rollenverhalten und wecken Gefühle von Eifersucht, Ausgeschlossensein und Mißtrauen in denjenigen, die nicht in die Bindung mit einbezogen sind. Das kann auf Paare an einem Arbeitsplatz zutreffen, so sehr sie sich auch bemühen mögen, nicht aufzufallen.

Fragen, die diese Dimension hervorheben, lauten: Wer steht wem am nächsten? Wer verkehrt außerhalb der Arbeit freundschaftlich miteinander? Welchen Unterschied macht das? Wer unterstützt immer wen? Wer hat angeblich eine heimliche Beziehung mit wem? Gibt es irgendwelche engen Beziehungen über hierarchische Grenzen hinweg?

Bedeutung erkunden

Durch andere Dimensionen des Fragens werden allmählich die Geschichte der Organisation wie auch die interpersonelle Entwicklung dargelegt. Diese Fragen versuchen, die Glaubenssysteme aufzudecken und zu klären, die offen und verdeckt wirken und das Problemverhalten verursachen.

CRONEN und PEARCE (1980) haben einen Rahmen für die Analyse der Kommunikation entwickelt, den sie „Coordinated Management of Meaning – CMM" nennen. Diese Theorie besagt, daß in einem System zusammengefaßte Menschen durch ihren Umgang miteinander eine eigene Realität gemeinsam erschaffen („ko-kreieren"), in all ihrer Komplexität, mit ihren Rätseln und Problemen. Sie schreiben allem, was zwischen ihnen geschieht, eine Bedeutung zu, wobei sie sich auf einen oder mehrere Kontexte beziehen, die sie ihrer Meinung nach mit den anderen teilen. Indem sie diese Kontexte durch ihre Interaktion heraufbeschwören, schaffen sie gemeinsam die Realität, in der sie sich treffen. Wenn also z.B. eine Person eine andere bittet, sich auszuziehen, hat diese Aufforderung eine unterschiedliche Bedeutung je nach Kontext, den sie gemeinsam schaffen: Sei es nun Schneiderin und Kunde, Ärztin und Patient, Geliebte und Geliebter. Ärger entsteht dann, wenn sie den Kontext unterschiedlich deuten.

CRONEN und PEARCE behaupten, diese Bedeutungskontexte seien hierarchisch angeordnet, so daß jede Ebene den Kontext für die Deutung der anderen darstellt. Jeweils zwei Ebenen in der Hierarchie sind verbunden; sie beeinflussen sich gegenseitig. Anzahl und Art der eingebetteten Ebenen ist nicht festgelegt, wie unsere Illustration zeigt. Das (für unsere Zwecke angepaßte) Diagramm von Ebenen, die im Umgang von Menschen innerhalb einer Organisation heraufbeschworen werden können, ist als Diagramm 4 dargestellt.

Die erste Ebene der Hierarchie ist die des *Inhalts* – des Inhalts jeglicher Kommunikation. Die zweite ist der *Sprechakt*. Sprechakte sind „Dinge, die eine Person mit einer anderen macht, indem sie etwas sagt" (CRONEN & PEARCE, 1980, S. 132): z.B. ich überrede dich, flehe dich an, drohe dir oder verspreche dir etwas. Als nächstes reagierst du auf meinen Sprechakt, nicht notwendigerweise auf den Inhalt oder die Bedeutung, die ich beabsichtigte, sondern im Sinne deiner Interpretation. Ich wiederum reagiere auf dich, und so spielen wir immer weiter eine kleine Szene, die CRONEN und PEARCE eine *interpersonelle Episode* nennen – eine Anpaßsitzung bei der Schneiderin, eine medizinische Untersuchung, eine Verführung. Bei Beziehungen zwischen Menschen in einer Organisation, die viel miteinander zu tun haben, folgen diese Episoden oft einem ähnlichen Muster und können z.B. zu allseits bekannten Streitereien über Geld, Zugeständnisse oder Zuspätkommen

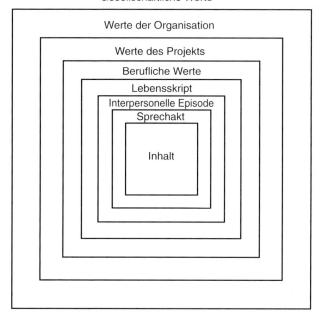

Diagramm 4

führen. Wenn diese Interaktion zwischen einem Mann und einer Frau stattfindet, kann sich ihre Bedeutung für die Akteure nach Überzeugungen gebildet haben, die höher in der Hierarchie der Kontexte stehen – vielleicht im *Lebensskript der Familie* des Betreffenden („Mutter setzt sich nie gegen Vater durch") oder in den gegenwärtigen gesellschaftlichen Werten, wie etwa denen der feministischen Bewegung („Dies ist eine patriarchische Gesellschaft"). Die Bedeutung anderer Vorfälle kann mit dem Kontext der *beruflichen Werte* oder der *gesellschaftlichen Werte* des Projektes bzw. der Organisation zusammenhängen.

Beispiele

Ein Leitartikel in einer Zeitung zeigt, wie ein Journalist die Bedeutung des Sturzes von Ruzkoj durch Jelzin 1993 in Bezug auf vier eingebettete Kontexte sah:

> Es gibt mindestens vier Ebenen des Dramas. Die auffälligste ist der persönliche Kampf zwischen Jelzin und seiner parlamentarischen Opposition (interpersonelle Episode). Eine Ebene darunter sehen

wir den Zusammenstoß politischer Prinzipien von Exekutive und Legislative wegen der Dinge, die JELZIN getan hat (Werte der Organisation) ... Auf der dritten Ebene des Kampfes geht es um Arbeitsplatzbeschaffung im neuen Rußland (gesellschaftliche Werte) ... Auf der vierten Ebene, tief unten in der sich verschiebenden Untererde der russischen Geschichte, findet der alte Kampf zwischen Westlern und Slavophilen um die Identität und das Schicksal Rußlands selbst statt [nationale Werte]. (*The Independent,* 4. Oktober, 1993)

In jedem Paar oder in jeder Gruppe einer Organisation haben wahrscheinlich unterschiedliche Bedeutungskontexte den stärksten Einfluß auf die verschiedenen Menschen, wodurch ein und demselben Sprechakt bzw. ein und derselben interpersonellen Episode nicht übereinstimmende Bedeutungen beigemessen werden. Solange die Bedeutungen nicht ausgehandelt und die Mythen nicht gesprengt oder akzeptiert werden, gibt es mit hoher Wahrscheinlichkeit gestörte Kommunikationsmuster.

Die Befragung muß möglicherweise in der kontextuellen Hierarchie nach oben bewegt werden, um zu erklären, worüber in Begriffen interpersoneller Episoden geklagt wird. Die Arbeit mit Ella, die wir oben beschrieben haben, hat sich im Laufe der Zeit als gutes Beispiel hierfür erwiesen. Das Problem, das Ella darstellte, war eine konfliktreiche Beziehung mit einem Mitarbeiter in einem Gruppenprojekt, wobei der Mitarbeiter aus einem anderen Team kam. Ella meinte, sie paßten einfach aufgrund ihrer unterschiedlichen Ansichten nicht zueinander. Es zeigte sich dann, daß man im Team ihres Mitarbeiters dazu neigte, auf ihr Team herabzublicken. Erst als sie entdeckte, wie leicht es war, die interpersonellen Konflikte in der Führung der Gruppe zu lösen, bemerkte Ella das tieferliegende Problem, das sich in dem Schmerz äußerte, zu einem Team zu gehören, das in seinem speziellen Auftrag versagte (Werte der Organisation). Warum bestanden die Angestellten darauf zu versuchen, eine Veränderung durchzusetzen, für die sie weder Ressourcen, Ausbildung, noch – und das galt für die meisten von ihnen – Motivation besaßen? Was hinderte sie daran, die Situation neu zu durchdenken und zu korrigieren? Man ging davon aus, dies sei eine professionelle Geschichte einiger bestimmter Leiter in Schlüsselpositionen. Die Situation mußte auf dieser Ebene in Angriff genommen werden, bevor das Team die Erlaubnis erhalten würde, seinen Auftrag zu ändern. Aber aufgrund ihrer Vorgeschichte wurden Vermutungen über die Mitarbeiter in diesem Team aufgestellt – nämlich daß sie inkompetent wären. Man kann also leicht sehen, warum sich ein Konflikt zwischen zwei Angestellten entwickelt, wenn einer von ihnen dem Mythos anhängt, der andere gehöre zu einem inkompetenten Team.

Ein weiteres Beispiel stimmt vielleicht mit der Erfahrung der Leser überein. Einer von uns (BP) leitete zusammen mit einem Kollegen einen Trainingskurs für etablierte und zukünftige Ausbildungsleiter einer Organisation der öffentlichen Hand. Wir begegneten unerwartetem Widerstand gegen unsere Arbeitsweise und entdeckten schließlich in einer angespannten Evaluationssitzung, daß viele Teilnehmer sich vor allem darüber Gedanken machten, was sie zu tun hatten, um die Akkreditierung zu erhalten, zu der der Kurs hinführte. Für uns leitete sich die Bedeutung der Sitzungen aus dem Rahmen „berufliche Werte" her: Wir halfen den Teilnehmern dabei, sich ihren Wunsch zu erfüllen, bessere Ausbilder zu sein. Für sie leitete die Bedeutung sich aus dem Rahmen „Werte der Organisation" her: Sie rechneten in der nahen Zukunft mit tiefgreifenden Arbeitsplatzkürzungen und wollten sich mit Hilfe besserer Qualifikationen ihre Zukunft sichern.

Der Kontext wird ebenso sehr davon bestimmt, *wie* Dinge getan werden, als auch davon, *was* getan wird. Zum Beispiel wurden in einer Organisation die Meinungsäußerungen des mittleren Managements und der Arbeiter stets angehört, respektiert und berücksichtigt, und jeder wußte das. Ärger gab es erst, als dieser Kontext durch Mehrdeutigkeit verzerrt wurde. Der Direktor der Organisation traf eine Entscheidung zur Entwicklung einer neuer Projektarbeit mit Finanzierung durch die oberste zentrale Verwaltung, um diese Entwicklung sicherzustellen und unter Kontrolle zu behalten. Das mittlere Management wurde befragt, hatte aber den Eindruck, sie müßten zustimmen, obwohl sie gewisse Bedenken gegen das Projekt hegten. Der übliche Kontext von Respekt und Zuhören war nicht eindeutig hergestellt. Im Laufe der Zeit wurde offensichtlich, daß die Manager, die diese Projekte leiteten, sie sich irgendwie nicht in derselben Weise wie die anderen „zu eigen" gemacht hatten. Es gab Unklarheiten über die Dauer des Einsatzes und über die Frage, ob die Projekte sich zu einer gewissen Unabhängigkeit entwickeln oder beendet werden würden; das war in dieser Organisation sonst nie der Fall. Dies führte zu schlechter Moral unter den Angestellten, zu zeitraubenden Auseinandersetzungen unter den Projektmitarbeitern und schließlich zu Sorgen für die Manager. Es gelang ihnen nicht, die Meinungsverschiedenheiten zwischen Managern auf unterschiedlichen Ebenen ans Tageslicht zu zerren und zu verarbeiten. Und so war die Geschichte und die Meinung über die Organisation für die Manager der mittleren Ebene eine andere als für den Direktor.

Überzeugungen infragestellen

Die folgenden Fragen können nützlich sein, um Überzeugungen und Bedeutungen auf verschiedenen Ebenen offenzulegen:

- Wer teilt dieselben Ansichten über Strategien, Ideologien und Notwendigkeit von Veränderungen? Steht irgendjemand in der betreffenden Gruppe hinter den anderen zurück? Wer stimmt mit wem am meisten/am wenigsten überein? Was führt die Betreffenden zu ihren Überzeugungen? Woher stammen sie?

- Auf welchen offen dargelegten Prinzipien basiert die Arbeit des Teams? Gibt es Unvereinbarkeiten der Werte? Gibt es unklare oder nicht überprüfte Voraussetzungen? Zeigen sich in Wirklichkeit bei der Durchführbarkeit die Werte, auf die das Team sich auf intellektueller Basis geeinigt hat? Haben die Team-Mitglieder Veränderungen in die Praxis umgesetzt, die wirklich die Werte, wie sie in den Stellungnahmen zum Auftrag niedergelegt wurden, reflektieren?

Verdeckte Regeln erkunden

Glaubenssysteme und Regeln sind natürlich miteinander verbunden. Eine Managerin war überrascht, als sie gefragt wurde: „Wie lautet die Regel in diesem Team für Mitarbeitertreffen – falls es eine Regel gibt?" Sie antwortete zerknirscht: „Die eine Hälfte des Teams kommt außer Atem zu spät, und die andere Hälfte verhandelt darüber, früher fortgehen zu können." Man kommt zu der Hypothese, dieses Team habe den Eindruck, Kommunikation von Angesicht zu Angesicht sei nutzlos oder gefährlich. Die Überraschung stellt sich ein, wenn die Managerin merkt, daß diese Hypothese nicht zu übersehen war. Wegen der Gefühle, die in ihr aufgrund mangelnden Respekts für Teamtreffen erzeugt wurden, und wegen persönlicher Gefühle von Inkompetenz hatte sie es vermieden, sich dem Team zu stellen, und die Gelegenheit verpaßt, die Treffen besser zu gestalten. Nimmt man eine systemische Sichtweise ein, hat man die Schwierigkeiten schon zur Hälfte überwunden.

Die Zeitdimension erkunden

Konsultanten können Managern und Teams oft helfen, die gegenwärtige Situation umzudeuten, wenn sie untersuchen, in welcher Verbindung die Bedeutung, die sie ihr zuschreiben, zu vergangenen oder vorgestellten zukünftigen Kontexten steht. So wird z.B. das Lebensskript vieler Sozialarbeiter, die später Manager werden, sowohl durch ihre berufliche Entwicklung geformt wie auch durch andere Ereignisse ihres Lebens. In ihrer Praxis als Manager gehen sie vielleicht von Überzeugungen aus, die für ihre gegenwärtige Aufgabe nicht relevant sind. Sie verhalten sich Untergebenen gegenüber so, als befänden sie sich in einer Klienten- und nicht in einer Vorgesetztenbeziehung. Sie beschäftigen sich vor allem mit dem Innenleben ihrer Untergebenen, statt das Verhalten, das sie von ihnen erwarten, klar zu umreißen.

Umgekehrt können Ausbilder an einem College so mit den zukünftigen Rollen ihrer Studenten beschäftigt sein, daß sie kein Gefühl für die Schwierigkeiten entwickeln, die ihre Studenten mit dem Leben und Arbeiten im gegenwärtigen Kontext haben, nämlich in ihrem College oder Seminar. Dies ist besonders anstrengend für ältere Studenten, die noch einmal eine volle Ausbildung durchlaufen und dabei behandelt werden, als seien sie achtzehn Jahre alt.

Fragetypen

Vergleichende Fragen

Nach unserer Erfahrung ist es nützlich, Manager zu drängen, Verallgemeinerungen in präzise Unterscheidungen zu übersetzen. Zum Beispiel sagt ein Manager vielleicht, seine Abteilung sei für die gerade vorgenommene Neuorganisierung. Statt dies als gegeben hinzunehmen, jeder sei für diese Veränderung, würden wir ihn auffordern, etwas genauer zu sein:

1. Zählen Sie die Leute auf, die hauptsächlich für die Durchführung dieser Veränderung verantwortlich sind.

2. Wo würden Sie auf einer Skala von 0 (am wenigsten) bis 10 (am meisten) jeden Manager ansiedeln in Bezug auf seine Einstellung zur Veränderung?

Clive, der leitende Manager, über den wir in Kapitel 1 sprachen, kam, als er über diesen zweiten Punkt nachdachte, zu dem Schluß, nur er und ein noch neuer Direktor stünden ganz und gar hinter der Veränderung; andere glaubten, sie hätten Nachteile davon oder waren sich der möglichen Vorteile nicht genügend bewußt. Als er anfangs über seine Sorgen sprach, warum es so viele Hindernisse gegen einen Fortschritt gab, hatte er gedacht, alle seine Kollegen unterstützten den

Direktor. Diese Frage, mit der Kosten und Gewinne einer Veränderung bezüglich unterschiedlicher Leute beleuchtet wurden, brachte Information zum Vorschein, auf die er seine Aufmerksamkeit nicht hatte richten wollen. Höhere Manager verhalten sich manchmal so, als seien sie sich nicht des Unterschiedes bewußt zwischen der Veränderung einer Organisation *in der Theorie* – was für einige eine recht schmerzlose Angelegenheit ist – und der tatsächlichen Veränderung tagtäglicher *Handlungen* für diejenigen, die weiter unten in der Hierarchie stehen – was ein ganz anderer und viel schwierigerer Prozeß ist. Natürlich finden Menschen in einer Organisation die unterschiedlichsten Wege, um eine Veränderung abzubremsen, die sie nicht verstehen. Wenn Manager organisatorische Veränderungen in Erwägung ziehen, sollten sie sich Fragen stellen wie:

– Nenne die Gruppe, die am meisten von der Veränderung betroffen ist. Welche Vor- und Nachteile kann jede Gruppe für sich sehen?

Durch diese vergleichenden Fragen bitten wir Klienten, Unterscheidungen zu treffen, die in ihrer ursprünglichen Geschichte nicht offensichtlich waren. Wenn dies sie dazu bringt, neue Unterscheidungen zu treffen, haben sie einen Anfang gemacht mit der Umdeutung oder Neuschaffung der problematischen Situation. Daher können solche Fragen selbst eine Intervention darstellen.

Zirkuläres Fragen

Wir haben bereits unser Interesse an der Mailänder Methode erwähnt (Selvini-Palazzoli, Boscolo, Cecchin & Prata, 1978; Tomm, 1985), die eine Denk- und Handlungsweise in sozialen Systemen darstellt und zuerst in der Familientherapie angewendet wurde. Der Ansatz von Selvini-Palazzoli und ihren Kollegen bezüglich Fragestellungen ist durch ihre Sichtweise beeinflußt, wie Systeme sich verändern:

Systeme entwickeln sich ständig, da ihre „Struktur" reflexiv an „Handlung" gebunden ist. Die Familie muß handeln, und welche Handlungen sie auch immer hervorbringt, sie sind zugleich „Ausdruck" und Rekonstitution der Struktur des Systems.

Aber nicht immer in erwünschte Richtungen! Das liegt daran, daß Familien sich ändern müssen, wenn die Kinder erwachsen werden. Auf andere Weise tun dies auch Organisationen, wenn Angestellte, Verbraucher oder Kunden wechseln.

Systemische Familientherapeuten wurden stark durch einen wichtigen Artikel beeinflußt, den die Mailänder Gruppe veröffentlichte (SELVINI-PALAZZOLI et al., 1980), in dem die drei Prinzipien umrissen werden, die sie in ihrer Arbeit anwenden – Hypothetisieren, Zirkularität und Neutralität. Diese Prinzipien können unserer Meinung nach auch auf Arbeit mit Teams angewendet werden oder mit anderen Gruppen, die zusammenarbeiten und eine gemeinsame Vorgeschichte haben.

Wir untersuchen Hypothetisieren ausführlich im folgenden Kapitel. *Neutralität* soll nicht so sehr ein passives Nicht-Partei-Ergreifen bedeuten, sondern vielmehr ein positives Partei-Ergreifen für jeden, während man zu verstehen sucht, wie interveniert werden sollte. Dies ist von CECCHIN (1987, S.407) weiterentwickelt worden, der Neutralität beschreibt als „das Kreieren eines Zustands von Neugier auf seiten des Therapeuten/der Therapeutin. Neugier führt zur Erforschung und Erfindung alternativer Sichtweisen und Bewegungen und unterschiedliche Bewegungen und Sichtweisen bringen wiederum Neugier hervor" und halten das therapeutische Team zusammen.

Zirkularität beschreibt die Fähigkeit des Konsultanten, seine Untersuchung auf der Basis des Feedback vom Team durchzuführen in Reaktion auf Information, die über Beziehungen, Unterschiede und Veränderung erbeten wurde. Wie in der Familientherapie wird jedes Team-Mitglied der Reihe nach aufgefordert zu erzählen, wie es die Beziehung zwischen zwei anderen Mitgliedern beurteilt:

> Indem wir ein Familienmitglied dazu auffordern, über die Beziehung zwischen zwei anderen in deren Gegenwart zu metakommunizieren, verstoßen wir nicht nur gegen eine der allgegenwärtigen Regeln von Familien mit gestörter Funktion, sondern bedienen uns auch des ersten Axioms der Pragmatik menschlicher Kommunikation: ... (es ist) dem einzelnen Teilnehmer nicht möglich nicht zu kommunizieren, so sehr er das auch versuchen mag. (SELVINI-PALAZZOLI et al., 1980, S.8)

CECCHIN spricht von der Wichtigkeit einer Ausrichtung auf (um es mit BATESON auszudrücken) das Verstehen „des Musters, das verbindet", und auf die Möglichkeit multipler Kausalitätsmuster. Er sagt: „So lange es eine Vielfalt von Alternativen gibt, können wir eine Haltung der Neugier aufrechterhalten" (CECCHIN, 1987, S.407). Einzelne Beschreibungen von Ursache und Wirkung brechen meist die weitere Diskussion ab. Neugier fesselt sowohl die Klienten wie auch die Konsultanten!

Reflexives Fragen

Karl Tomm, der die Arbeit der Mailänder Gruppe und die Maturanas gründlich studiert hat, führte das Konzept des reflexiven Fragens ein; das sind Fragen, die nicht nur tiefere Bedeutungen aufdecken, sondern als Interventionen wirken, da sie zum Umdeuten von Verhalten und Haltungen auffordern:

> Reflexive Fragen sind solche, die mit der Absicht gestellt werden, die Selbstheilung in einem Individuum oder einer Familie zu ermöglichen, indem sie die Reflexivität unter Bedeutungen innerhalb bestehender Glaubenssysteme aktiviert, wodurch Familienmitglieder in die Lage versetzt werden, selbständig konstruktive Erkenntnis- und Verhaltensmuster zu schaffen. (1988)

Tomm kategorisiert die Fragetypen, die er in seiner Arbeit als Therapeut benutzt. Uns erschienen die folgenden nützlich (s. auch Tomm, 1985):

1. *Fragen aus der Beobachterperspektive* können benutzt werden, um Konsequenzen und Muster von Verhaltensweisen hervortreten zu lassen, deren sich die Betreffenden vielleicht noch nicht bewußt sind. Dazu können Fragen über das Bewußtsein der eigenen Persönlichkeit gehören, und sie können auch wachsende Sensibilität anderen gegenüber bezwecken.

Der Manager, den wir Thomas nannten und den wir kurz am Anfang dieses Kapitels erwähnten, fragte, warum seine Organisation ihm einerseits die Freiheit ließ, seine eigenen Sachen zu machen, und ihn andererseits abblockte. Diese Formulierung gab der Konsultantengruppe ein Rätsel auf. Sie beschlossen, ihm eine Hypothese anzubieten: Er habe Schwierigkeiten wegen seiner eigenen Unentschiedenheit bezüglich seiner Rolle und sei deswegen nicht in der Lage, irgendetwas zu verändern. Daraufhin veränderte er seine Blickrichtung und stellte die pragmatischere Frage: „Wie kann ich meinen Job verändern und in welche Richtung?" Im Rahmen der Untersuchung wurde er gefragt:

- Wie würde Ihr Abteilungsleiter Ihre Zukunft sehen – wenn er hier wäre, wie würde er seine Voraussagen über Ihre Zukunft formulieren?

- Wen bewundern Sie am meisten – wer sind Ihre Helden – wem würden Sie am liebsten gleichen?

- Wie würden die Schlüsselfiguren in Ihrem persönlichen Leben Ihre Zukunft darlegen – Ihre Frau, Ihre Mutter, Ihr Vater?

Diese Erkundung verdeutlichte Thomas, daß sein Lebensskript vollkommen gegensätzliche Wünsche widerspiegelte. Sollte er nach alledem Unternehmer werden und sogar das Familiengeschäft übernehmen, wie es sein Vater wünschte, oder sollte er in seinem jetzigen Beruf weiterarbeiten, wie es seine Mutter vorzog?

2. *Unerwartete kontextverändernde Fragen* hängen von der Tatsache ab, daß wir, wann immer wir einer Sache eine Qualität zuschreiben, sie implizit einer gegensätzlichen oder komplementären Eigenschaft gegenüberstellen. Ein Klient z.B., der jemanden als inkompetent bezeichnet, impliziert einen gewissen Kompetenzstandard. Wenn ein Projekt als Erfolg beschrieben wird, muß der Sprecher eine Vorstellung davon haben, was ein Versagen ist. Wenn von einem Management-Team behauptet wird, es sei verworren, impliziert dies eine Vorstellung von Klarheit. Oft ist nicht deutlich, welchen Vergleich der Klient implizit aufstellt. Dieser Fragetyp fordert den Sprecher auf, solch eine implizite Unterscheidung explizit zu machen, indem man ihn bittet, sich Umstände vorzustellen, bei denen die gegensätzliche Eigenschaft offenbar wird. Wenn also z.B. ein Manager die Arbeit eines Kollegen inkompetent nennt, könnten wir fragen, bei welcher Tätigkeit dieser Kollege als kompetent empfunden wird. Oder wenn der Manager sagt, die Moral in der Abteilung sei schlecht, könnten wir fragen, wie es aussieht, wenn die Moral gut ist.

3. *Zukunftsorientierte Fragen* stellen den Versuch dar, befürchtete oder erhoffte Zukunftsvisionen ins Blickfeld zu rücken, die das gegenwärtige Verhalten des Managers beeinflussen. Oft handelt es sich hierbei um schlecht definierte Visionen von furchtbaren Katastrophen oder von Triumph und Freude. Wir könnten also fragen:

— Wie würde es sein, wenn der gegenwärtige Konflikt gelöst wäre? Wie würde der Prozeß aussehen, durch den er gelöst würde? Was würde man in einem Jahr als einen typischen Erfolg des Teams bezeichnen?

— Wenn es uns nicht gelingt, die Situation, die Sie beschrieben haben, in irgendeiner Weise zu verbessern, was geschieht dann in einem Jahr? ... Und wozu würde das wiederum führen? ... Und warum wäre das so schlimm?

Wie die vergleichenden Fragen so fordern diese zukunftsorientierten Fragen den Manager auf, neue Unterscheidungen zu treffen und auf diese Weise die Realität, mit der er sich auseinandersetzen muß, neu zu schaffen. Sie helfen Managern und Teams auch, ein neues Bild einer Zukunft zu entwerfen, die sich verdunkelt hat, und für ihre Arbeit einen Sinn oder ein erklärtes Ziel zu entdecken. Sie können aufdecken, daß jeder im Team sich eine andere Beziehung wünscht, was ein guter Ausgangspunkt für gemeinsame Veränderungen ist.

4. *Prozeß-unterbrechende Fragen* sind Fragen, die gestellt werden, wenn tatsächlich etwas in Gegenwart des Konsultanten geschieht, was in der Handlungsweise des Teams akzeptiert ist und niemandem mehr auffällt, und was der Konsultant für eine Manifestation des zur Debatte stehenden Problems hält. Wenn sich also eine Auseinandersetzung entwickelt, von der dann abgelassen wird, hört der Konsultant sorgfältig zu, um zu lernen, wie das Team mit dem Konflikt umgeht. Dann könnte er den Ausweichversuch unterbrechen und Fragen folgender Art stellen:

- Wenn Sie nicht einer Meinung sind, wer gewinnt und wer verliert normalerweise?
- Welches sind Ihrer Meinung nach die Normen bezüglich Uneinigkeit in diesem Team?

Dies könnte eine wichtige Lernerfahrung für das Team sein, da die Teammitglieder sich vielleicht nicht über ihre Ausweichtaktiken im klaren sind. Oder, um ein anderes Beispiel zu geben, ein Konsultant könnte die Aufmerksamkeit eines Teams, das Schwierigkeiten beim Treffen von Entscheidungen hat, auf ihre Unfähigkeit lenken, zu einem Abschluß zu kommen; er fragt:

- Wer würde eigentlich am meisten verlieren oder gewinnen, wenn Sie hierüber eine Entscheidung träfen?

Zwischen Scylla und Charybdis

Nach unserer Erfahrung stehen viele der problematischen Situationen, zu denen Manager uns in unseren Workshops befragt haben, in Zusammenhang mit organisatorischen Veränderungen. Vielleicht hat der Titel des Workshops, *„Änderung ohne Chaos?"*, Manager angezogen, die zu sehr über größere Störungen im Betrieb besorgt waren. Wenn leitende Manager einer Organisation schnelle Veränderungen wünschen, weil sich ihre Werte oder ihr Prestige geändert haben oder einfach nur, weil sie von Natur aus ungeduldig sind, gibt es, wie wir gesehen haben, meistens andere, die befürchten, eine rasche Veränderung würde zu sehr stören bzw. Risiken in sich bergen, würde die Gesellschaft Geld kosten oder Kündigungen von Mitarbeitern verursachen. Sie werden mit verschiedenen Methoden das Tempo drosseln, einschließlich inkompetenter Durchführung neuer Strukturen und Verfahren.

* * *

Eine Managerin, die uns konsultierte, Paula, war noch nicht lange Leiterin eines stationären Projektes für junge behinderte Menschen. Sie hatte sich sehr dafür eingesetzt, eine Konzeption in die Praxis umzusetzen, bei der Eltern in das Heim zur gemeinsamen Pflege mit den Angestellten kommen sollten. Die Mitarbeiter boykottierten dies auf sehr subtile Art. Bei den Fragen stellte sich heraus, daß die Idee für diese Veränderung vom letzten Leiter stammte, der jetzt zu Paulas Vorgesetztem befördert war. Paula sah sich in der Mitte zwischen der ungeduldigen Erwartung ihres Vorgesetzten nach Veränderung und dem Widerstand der Angestellten.

Wir fragten nach den möglichen Gewinnen und Verlusten für die verschiedenen betroffenen Gruppen und entdeckten, daß einige Angestellte befürchteten, ihren Arbeitsplatz zu verlieren, wenn Eltern ihre Rolle übernähmen. Diese Mitarbeiter widersetzten sich natürlich einer Veränderung. Es war nicht klar, ob es bei dieser neuen Strategie zu Arbeitsplatzverlusten kommen würde oder nicht. Der vorherige Projektleiter hatte zwar Visionen gehabt, aber die Bedürfnisse der Angestellten außer Acht gelassen. Diese stellten nun die Beachtung ihrer Bedürfnisse sicher.

Durch richtige Fragestellung hatten die Konsultanten dieser Leiterin geholfen, mehr Verständnis für ihre Mitarbeiter und weniger Sorgen und Unsicherheit wegen ihrer eigenen Kompetenz zu haben. Sie sah sofort, was sie tun könnte, um Unsicherheiten im Ablauf für die Angestellten auszuschalten, und schlug vor, sowohl die Personalabteilung wie auch die Gewerkschaften zur Diskussion heranzuziehen.

Kapitel 4
Hypothesen konstruieren

> Wir alle kennen die Metapher, einen Schritt von den Einzelheiten zurücktreten zu können, „um den Wald vor lauter Bäumen zu sehen". Aber unglücklicherweise sehen die meisten von uns, wenn sie einen Schritt zurücktreten, nur eine Menge Bäume ...
>
> Senge, 1990, S.127

> Als Kate all die guten Nachrichten der New York Times ... verdaut hatte, beschloß sie, ihre Fakten neu zu überdenken. Es sind nicht die Fakten, so sagte sie sich, sondern es ist ihre Zusammenstellung zu einer Geschichte, die sie erzählen sollen.
>
> Amanda Cross, 1990, S.117

Einführung

Wir haben darüber gesprochen, wie wir geschicktes Fragen dazu benutzen können, eine von Managern geschilderte Situation aufzubrechen. Unter anderem hat dieses Fragen den Sinn, uns die Formulierung von Hypothesen über die tatsächlichen Vorgänge zu ermöglichen.

Hypothetisieren ist ein gefährliches Wort, da es aus einer Kiste mit der Beschriftung „Wissenschaft" stammt und uns zu der Vermutung verführen kann, Manager und Konsultanten lebten in einer Welt klarer Fakten, in der Erklärungen bewiesen und widerlegt werden können. Unserer Meinung nach ist das nicht so einfach: Wir haben es mit ausgewählten Beschreibungen komplexer Geschehnisse durch komplexe Männer und Frauen zu tun – mit Geschichten, nicht mit Fakten. Wir suchen daher nicht nach der Wahrheit (der *WAHRHEIT*!) in einer Situation, sondern vielmehr – etwas bescheidener – nach vorläufigen und teilweisen Erklärungen, die etwas *Licht in die Angelegenheit bringen*, indem sie zu neuen Bedeutungen anregen, und die uns *nützen*, indem sie die Lähmung von Menschen lösen, so daß diese wieder Fortschritte machen können.*

---

*) **Anm.d.Übers.:** Gunter Schmidt hat für den Begriff „Wahrheit" im systemischen Verständnis den eingängigen Begriff „kontextgebundene Erfahrung" geprägt (z.B. auf der Kurztherapie-Konferenz 1995 in Bremen), der den hier angesprochenen Sachverhalt anschaulich aufgreift und benennt.

Das Wort „Hypothese" kommt aus dem Griechischen und bedeutet Basis oder Grundlage – dieselbe Idee implizieren wir, wenn wir von den *zugrundeliegenden* Ursachen eines Problems sprechen. Eine Hypothese erklärt, was sich abspielt, und zwar bezüglich zugrundeliegender Faktoren oder Prozesse. Ein Zauberer holt einen Tennisball aus dem Ohr seines Helfers. Ein Kind unter den Zuhörern flüstert seiner Mutter zu: „Den hatte er im Ärmel." Im Bereich der Konsultationen sind Hypothesen selten so sauber wie diese. Hypothetisieren bedeutet, eine scheinbar entscheidende Geschichte aus einer Masse von Einzelheiten zu schaffen und dann einen Mechanismus vorzuschlagen, der diese Ereignisse erklärt.

Wieder-Erzählen

Wenn wir in unseren Workshops Teilnehmer, die eine Rolle als Konsultanten übernommen hatten, aufforderten, Hypothesen über die vorgestellte Situation auszuarbeiten und darzulegen, stellten wir fest, wie selten sie (und wir) mit einem einzigen Schritt dort hingelangen konnten. Normalerweise fingen sie damit an, das wiederzuerzählen, was sie gehört und verstanden hatten. Manchmal enthielt dieses „Wieder-erzählen" (wir haben diesen Ausdruck („re-telling") vom Literaturwissenschaftler David BLEICH ausgeliehen: vgl. BLEICH, 1978) ein bedeutsames Element von Interpretation. Manchmal war es wenig mehr als eine Zusammenfassung dessen, was der Vortragende uns bereits gesagt hatte; aber selbst dann hatten sie etwas Neues hinzugefügt, indem sie einige Elemente aus der Darstellung betonten und andere ignorierten. In jedem Fall formulierten sie das ihnen vorgetragene Problem in einer Form neu, die der ursprünglich Vortragende entweder bestätigte oder unzureichend fand und veränderte.

Normalerweise kamen die Konsultanten nur so weit; manchmal jedoch gingen sie darüber hinaus und benannten das, was ihrer Meinung nach den Prozeß oder Mechanismus darstellte, der das beschriebene Interaktionsmuster in Gang hielt.

Die folgenden Anweisungen scheinen gut dafür geeignet, das Hypothetisieren in Angriff zu nehmen:

1. Erzähle zunächst wieder, was du gehört hast, in Form einer Beschreibung, die das Problem neu formuliert;

2. erkläre dann die Ereignisse, die du beschrieben hast, in einer Form, die insbesondere das Verhalten und die Verwunderung

des Managers als glaubwürdige Prozesse oder Mechanismen erscheinen läßt.

Im diesem zweiten Stadium hilft es, einige Theorien darüber zu haben, wie glaubwürdige Erklärungen aussehen können. Das soll in einem späteren Kapitel erörtert werden.

* * *

Hier ist nun ein Beispiel für einen Hypothetisierungsprozeß, der nicht über das Stadium des Wieder-Erzählens hinausgelangte. In einem unserer Workshops beschrieb eine höher gestellte Bewährungshelferin, Maureen, eine Sackgasse, in die sie bei ihrer Arbeit geraten war. Sie mußte entscheiden, ob sie eine positive Beurteilung für einen angehenden Sozialarbeiter schreiben sollte, der in ihrem Team gewesen war und den sie für rassistisch und ungeeignet hielt. Der gegenwärtige Team-Leiter des Studenten sowie der Ausbildungsleiter setzten sie unter Druck, eine positive Referenz zu schreiben. Maureen glaubte, der Student würde sich über sie beschweren, wenn sie sich nicht danach richtete. Sie hatte die Berichte, auf denen sich ihre Beurteilung begründete, vernichtet, als der Student ihr Team verließ.

Nachdem wir Maureen befragt hatten (und mehr Information erhalten, als wir ihr gegeben hatten), gingen wir zum Hypothetisierungsstadium über und einer von uns brachte folgende Aussage vor:

> Antirassismus wird in der Organisation nur auf dem Papier ernst genommen. Es gibt nicht genügend schwarze Mitarbeiter, als daß Weiße sich unwohl fühlen können. Maureen fürchtet, sie würde ein *Opfer* werden, wenn es bei diesem Thema hart auf hart ginge und sie darauf besteht, entsprechend dem Geist der antirassistischen Politik zu handeln. Sie ist gelähmt durch den Mangel an Unterstützung für diese Politik.

In dieser Aussage befindet sich ein eindeutiges Element der Interpretation. Maureens Unfähigkeit zu entscheiden, was sie tun sollte, wird mit Hilfe einer Metapher erklärt – sie befürchtet, ein *Opfer* zu werden – und auch damit, daß dieser bestimmte Vorfall in den Kontext der Organisation gestellt wird. Die Aussage geht davon aus, die Politik der Organisation stehe hauptsächlich auf dem Papier: denn wenn die Leute nun tatsächlich nach dieser Politik handeln sollen, dann gibt man ihnen zu verstehen, sie würden keine Unterstützung finden.

Dies ist eine scharfsinnige Wieder-Erzählung und der Anfang einer Hypothese. Sie deutet an, jeder, der Aufmerksamkeit auf die rassistischen

Praktiken lenken wollte, wäre einem ähnlichen Dilemma ausgesetzt; und wenn die darstellende Person reagiert, indem sie uns noch von einer anderen Person erzählt, die vielleicht einen Rückzieher gemacht hat, nachdem sie Anschuldigungen wegen Rassismus erhoben hatte, würden wir uns dieser Hypothese möglicherweise noch mehr verschreiben. Aber als Hypothese ist sie insofern unvollständig, als sie nichts darüber aussagt, wieviel Maureen selbst zu dem geschilderten Dilemma beiträgt. Maureen wird als Opfer beschrieben („Opfer", „gelähmt") und nicht als Handelnde. Wenn sie reale Entscheidungsmöglichkeiten für sich erkennen und nicht länger unbeweglich zwischen unmöglichen Alternativen stehen soll, muß sie verstehen, was sie hier macht und warum.

Wir schafften es nicht, während des Workshops zu einer vollständigen Hypothese zu kommen. Später in diesem Kapitel geben wir ein Beispiel für eine Konsultation, bei der eindeutig das zweite Stadium des Hypothetisierens erreicht wird.

Was ist eine Hypothese?

MATURANA und VARELA (1987, S.28) geben eine präzise Definition der Hypothese: Sie ist „ein konzeptuelles System, das fähig ist, das zu erklärende Phänomen in einer für die Gemeinschaft von Beobachtern annehmbaren Weise zu erzeugen."

Sie sagen, eine Hypothese stellt ein Modell oder einen Mechanismus vor („ein konzeptuelles System"), durch die die beobachtbaren problematischen Ereignisse hervorgebracht werden. Sie erklären weiter, eine nützliche Hypothese sagt auch andere Phänomene voraus oder lenkt die Aufmerksamkeit auf solche, die nicht in der ursprünglichen Beschreibung enthalten sind. Die Beschreibung muß auch überzeugend sein: Die Hypothese, der Ball befinde sich im Ärmel des Zauberers, ist überzeugender für uns als die Hypothese, er befinde sich im Kopf des Helfers. Unser Erstentwurf einer Hypothese über Maureens Sackgasse ist glaubhaft, wenn wir akzeptieren, daß öffentlich erklärte Politik oft unterschiedliches Engagement verbirgt und dies bei Einzelnen zu einem Gefühl der Lähmung führen kann.

Hypothetisieren ist keine spezielle Kunst; es ist Teil des alltäglichen Lebens. Wir könnten nicht funktionieren, wenn wir nicht Hypothesen aufstellten, um unvorhergesehene Ereignisse zu erklären. Das Bilden von Hypothesen ermöglicht uns zu handeln. Das Problem für Manager, wie für jeden anderen, besteht in Situationen, bei denen wir nicht erklären können, was da passiert; oder noch häufiger, in denen unsere Hypothesen für uns überzeugend sind, uns aber nicht in die Lage versetzen, konstruktiv zu handeln. Es scheint keine Alternativen zu geben, außer zu resignieren oder jemanden zu erschießen.

Die Herausforderung systemischen Denkens liegt darin, unsere Hypothesen explizit zu formulieren (statt mit unausgesprochenen Vermutungen zu arbeiten) und prüfbar zu machen (indem sie zu Fragen oder Handlungen anregen, die sie stützen oder infrage stellen). Dafür müssen wir den Unterschied zwischen linearen Hypothesen mit dem Prinzip von Ursache und Wirkung und zirkulären Hypothesen erkennen, die Interaktionsmuster aufzeigen, die festgefahrene Situationen festschreiben. Und wir müssen unsere Hypothesen locker nehmen, statt an ihnen als die einzig wahren und vollständigen Erklärungen zu hängen; wir müssen sie als unsere eigenen Schöpfungen in Worten und Symbolen erkennen, die niemals die Komplexität der Situation ganz erfassen können.

Hypothetisieren und Neugier

Die meisten von uns sind so erzogen worden, bei Problemen eine einzige richtige Lösung zu erwarten. Nach unserer Erfahrung in den Workshops finden viele Menschen es nützlicher und sogar befreiender, wenn ihnen mehrere Hypothesen angeboten werden, die vielleicht nichts miteinander zu tun haben oder sich sogar widersprechen. Unabhängig vom Inhalt der Hypothesen zeigt sich schon, wenn eine Gruppe von Leuten viele unterschiedliche Reaktionen auf dieselbe Geschichte an den Tag legt, daß die Bedeutung der Situation nicht so offensichtlich sein kann, wie der Darstellende annimmt. Wenn wir uns erst einmal auf eine Erklärung festlegen, hören wir auf, weiterhin neugierig zu sein. CECCHIN (1987) behauptet, Hypothetisieren stünde in unmittelbarer Beziehung zur Neugier: „Neugier ist eine Einstellung, wohingegen Hypothesenbildung das ist, was wir tun, um diese Einstellung aufrechtzuerhalten" (S.411).

Um kreativ über eine Situation nachdenken und neue Hypothesen über sie bilden zu können, ist es notwendig, eine Geisteshaltung einzunehmen, die CECCHIN hier Neugier nennt. Andere systemische Autoren sprechen vom Einnehmen einer „Meta-" Position. „Meta" ist eine Vorsilbe, die in vielen Wörtern benutzt wird (Metamorphose, Metabolismus), und bezeichnet irgendeine Art von Verschiebung in Bezug auf Position oder Kondition. In der systemischen Praxis ist man in der „Meta"-Position „ganz und gar engagiert und unbesorgt", wie die Zen-Autoren es nennen. Mit dieser geistigen Haltung sind wir in der Lage zu hypothetisieren, und wenn wir hypothetisieren, können wir diese geistige Einstellung aufrechterhalten.

Dies erklärt, warum es eine wirkungsvolle Intervention ist, wenn man einem Manager eine oder vorzugsweise mehrere Hypothesen über seine Situation anbietet, ganz gleich ob sie als Handlungsanweisungen übersetzt werden oder nicht. Hört er dem Vorstellen der Hypothesen zu, so erhält er eine neue „Meta"-Perspektive bezüglich seiner Schwierigkeiten, bei der er engagiert und doch distanziert neugierig sein kann. Dies schien auch bei Gillian (s. Kapitel 2) geschehen zu sein, als sie sich schließlich nicht mehr vom Problem überwältigt fühlte, die Zukunft ihres Projekts absichern zu müssen. Möglicherweise traf dies auch für eine andere Managerin zu, die nach einer Konsultationsübung, die wir nicht beschrieben haben, berichtete:

> Ich sehe meine beiden Teams jetzt in einem anderen Licht. Ich habe begriffen, daß ich nicht allmächtig bin. Auf dem Weg nach Hause dachte ich: „Ich kann unmöglich inmitten all dieser Umstrukturierungen noch den Riesenberg bewältigen und die Strategien der Kinderfürsorge durcharbeiten."

Lineare und zirkuläre Hypothesen

Wir diskutierten in Kapitel 1 den Unterschied zwischen linearen und zirkulären Erklärungen von Verhalten. Allgemein ausgedrückt erklären zirkuläre Hypothesen die Hartnäckigkeit problematischen Verhaltens mit Hilfe von *geschlossenen Rückkopplungsschleifen*. Sie beschreiben die Bedingungen der *Homöostase*, d.h. stabiler Muster, die trotz oder aufgrund von Bemühungen, sie zu ändern, bestehen bleiben („Homöostase" leitet sich aus zwei griechischen Wörtern ab, die „gleich-stehend" bedeuten). Und sie erklären, *wie Menschen mit Problemen* durch ihr Verhalten *die Probleme aufrechterhalten*, so wie jemand der Schnurren haßt, die Katze aber weiter streichelt.

Wollen wir eine nützliche zirkuläre Hypothese formulieren, so müssen wir wie Hawkeye in M*A*S*H* eine Position einnehmen, bei der wir nicht Partei ergreifen. Auf diese Weise wird unsere Hypothese nicht schief, denn wir geben keiner der Parteien die Schuld und wünschen auch nicht, die Dinge lägen anders – wir haben bereits einen Teil der folgenden Aussage von CECCHIN zitiert, in der er davon spricht, das System zu respektieren:

> Ein System zu respektieren bedeutet, ihm gegenüber mit dem Verständnis dafür zu handeln, daß das System einfach das tut, was es tut, und daß dieses Tun darin besteht, daß es das tut. (1987, S. 408)

Als wir anfingen, systemisches Denken zu verwenden, waren wir vor allem darum bemüht, jene Verschiebung unserer Denkweise zu erreichen, die uns in die Lage versetzen würde, zirkuläre Kausalität „zu sehen", wo wir bisher nur lineare Kausalität gesehen haben.

Sehen wir uns einer Situation gegenüber, die wir nicht verstehen, sind unsere ersten Hypothesen im allgemeinen linear. Manchmal nützen sie uns, und wir suchen nicht weiter. Wenn ein Manager sagt, er hat ein Problem mit einem Angestellten, der ständig Fehler macht, reicht vielleicht die Vermutung, die Ursache des Problems läge in der mangelnden Kompetenz des Angestellten hinsichtlich der erforderlichen Fähigkeiten. Solange dies nicht getestet wird, indem man ihn z.B. fortbildet, ist es nicht sinnvoll, nach größerer Komplexität zu suchen. Wenn wir jedoch feststellen, daß der Manager nicht gewillt ist, eine Fortbildung in Betracht zu ziehen, oder der Angestellte bereits die Kompetenz für seine Arbeit besitzt, dann könnten wir zu dem Schluß gelangen, daß sich einiges im Verborgenen abspielt und nur eine systemische, zirkuläre Hypothese den notwendigen Ansatzhebel bietet.

Selbst bei offensichtlich komplexen Problemen ist es eine gute Idee, an linearen Hypothesen, die uns einfallen, festzuhalten, da sie unter Umständen die Bausteine zirkulärer Hypothesen bilden, wie im Fall der Frau, die die Katze streichelt.

Wir haben weiter oben beschrieben, wie Sarah, die Leiterin eines Gemeindeprojektes, wegen eines unkooperativen und distanzierten Team-Mitgliedes, Robert, um Rat fragte: Wie könnte sie ihm helfen, ein integrierter Bestandteil des Projektes zu werden? Einer aus der Gruppe bot unter anderem folgende Hypothese an:

> Robert ist distanziert, er teilt nicht die Ziele der Projektleiterin. Vielleicht möchte er den Job des Projektleiters, (hat das Gefühl), an Status verloren zu haben, sein Selbstbild ist verletzt. Seine tatsächlichen intellektuellen Fähigkeiten stehen zur Diskussion ...

Dieses wichtige Wieder-Erzählen von Roberts möglicher Geisteshaltung kommt einer linearen Hypothese gleich. Das Gruppenmitglied schreibt Sarahs Problem mit Robert dessen Geisteshaltung und intellektueller Fähigkeit zu. Für sich genommen hilft diese Hypothese Sarah vermutlich nicht weiter. Sie sagt nichts darüber aus, was Sarah und die anderen im Team und außerhalb dazu beitragen, Roberts Gefühl der Distanziertheit auszulösen oder ihm seine intellektuellen Grenzen bewußt zu machen. Solche weiteren Ausführungen hätten die lineare Hypothese nicht wertlos gemacht; vielmehr wäre sie dadurch in eine zirkuläre inkorporiert worden.

Es gibt nicht den einen richtigen Weg, eine Hypothese aufzustellen. Wir haben allmählich ein Repertoire an Hypothesenformen aufgebaut in der Art, wie man ein Repertoire an Eröffnungszügen im Schach aufbaut oder an Gerichten, die man kochen kann. Es gibt keine Abkürzung, um zu entdecken, welche nützlich sind.

Positives Feedback und Schismogenese

Eine zirkuläre Hypothese ist eine Darstellung eines Systems von Interaktionen, die in irgendeiner Weise ein repetitives Kommunikations- oder Verhaltensmuster in den Blickwinkel rückt. Einige Hypothesenformen beziehen sich explizit auf die Feedback-Prozesse, die das Muster ausmachen. (In Kapitel 1 definierten wir ein System als etwas von *Rückkopplung Strukturiertes*.)

Es gibt zwei Arten von Feedback, positives und negatives. Positives Feedback führt zu Eskalation, negatives zu Gleichgewicht. Ein bekanntes System, das durch positives Feedback gestaltet wird, ist traurigerweise das von zwei Nationen, die sich im Rüstungswettlauf befinden. Nation A befürchtet, Nation B sei ihr in ihrer Zerstörungskapazität voraus, also steigert sie Menge oder Qualität ihrer Waffenproduktion. Nation B erfährt davon und befürchtet, Nation A könne sie überflügeln, also erhöht auch sie Produktion und Entwicklung von Waffen; und so geht es weiter. Das Feedback wird positiv genannt, da jede Nachricht die Reaktion dessen, der sie erhält, verstärkt. Die Darstellung einer positiven Feedbackschleife findet sich in Diagramm 5.

Watzlawick und seine Kollegen (1974, S.31 ff.) nennen dieses Muster die „mehr desselben"-Lösung. Sie ist der Versuch, ein Problem zu lösen, indem man ein Rezept wiederholt oder verstärkt, das bis dahin nicht funktioniert hat. Manchmal ist dies angemessen: Eine Aspirin erlöst uns nicht von unseren Kopfschmerzen, also nehmen wir eine zweite. Aber viele Situationen werden nur noch schlimmer, wenn wir ein

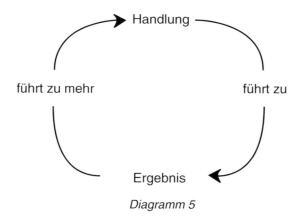

Diagramm 5

wirkungsloses Rezept wiederholen, weil wir damit mehr von dem Verhalten provozieren, das wir ändern wollten. WATZLAWICK bringt das Beispiel von der Frau, die meint, der Mann verberge etwas vor ihr; sie fängt also an, ihn zu befragen und zu überprüfen, was er gemacht hat; er findet dies aufdringlich und wird noch verschlossener und enthält ihr sogar harmlose Information vor, „um ihr eine Lehre zu erteilen"; dadurch werden ihr Mißtrauen und ihre Besorgnis noch weiter entfacht, und sie bedrängt ihn noch hartnäckiger; daraufhin verbirgt er noch mehr; und so geht es weiter.

BATESON (1972) beschreibt zwei Arten von Systemen, die auf positivem Feedback begründet sind; er nennt sie „symmetrisch" und „komplementär". Ein Rüstungswettlauf ist symmetrisch: je mehr Waffen A produziert, desto mehr Waffen produziert B. Es ist die Logik des Liedes „Anything you can do, I can do better" (Alles, was du kannst, das kann ich viel besser). Eine pathologische Abhängigkeitsbeziehung ist komplementär: Je *mehr* A für B macht, desto *weniger* macht B für sich selbst. Es ist die Logik der Liebesbeziehung in „fatal attraction" („Eine verhängnisvolle Affäre"): A fordert immer mehr von B, bis B sich schließlich zurückzieht. Daraufhin stellt A noch größere Forderungen, bis B dann voller Verzweiflung versucht, die Beziehung zu beenden, was A dazu veranlaßt, B noch hartnäckiger zu verfolgen. WATZLAWICKS Beispiel für „mehr desselben" ist von dieser Art.

Ganz offensichtlich können diese eskalierenden Prozesse nicht in alle Ewigkeit weitergehen: Mit den Worten eines anderen Liedes gesagt, „Something's gotta give" (etwas muß nachgeben). Ein mögliches Ergebnis wird von BATESON als „Schismogenese" bezeichnet, was „gespaltene Produktion" bedeutet. In diesem Prozeß kommt es zu einer Spaltung, bei der das System zerstört wird: Da die eine Nation weiß, daß sie bei der Waffenproduktion der anderen nicht mithalten kann, fängt sie einen Krieg an; da die eine Person nicht in der Lage ist, die andere zu besitzen oder zu verlassen, tötet sie den geliebten Menschen. Nach einem Fußballspiel bricht ein Kampf zwischen den Fans aus: Die gegenseitigen Herausforderungen und Verhöhnungen können nicht innerhalb des Systems ritualisierter Kämpfe im Spiel gehalten werden, und der richtige Kampf bricht aus.

Glücklicherweise gibt es Alternativen zur Schismogenese. Die eine ist ein wie auch immer geartetes Geschehen, das ausgelöst wird, wenn ein nicht mehr akzeptabler Stand in der Eskalation erreicht ist, und das dann eingreift und die Feedbackschleife unterbricht. Es ist vergleichbar mit einer Sicherung oder einer automatischen Sprinkleranlage gegen Feuer. Wilfred BION sieht etwas Vergleichbares in *„Experiences in Groups"* [Erfahrungen in Gruppen] (1961, S.125). Er beschreibt eine Situation, in der Mitglieder einer Gruppe zwischen der Überzeugung, ihr Leiter sei ein Genie, und der Überzeugung, er sei verrückt, hin und her gerissen sind. Sie bewegen sich mit immer größerer Geschwindigkeit zwischen diesen beiden Extremen hin und her, bis

> die Gruppe die emotionsgeladene Situation nicht länger unter Kontrolle hat, die daraufhin mit explosiver Gewalt auf andere Gruppen übergreift, bis genügend Gruppen einbezogen sind und die Reaktion absorbieren. In der Praxis bedeutet dies in der kleinen Gruppe (d.h. in BIONS therapeutischen Gruppen in der Tavistock Klinik) den Impuls, sich bei einer außenstehenden Obrigkeit zu beschweren, also z.B. an die Presse, einen Abgeordneten oder die Klinikleitung zu schreiben. Das Ziel hierbei ist ..., mit Hilfe von Außenseitern so viel unbewegliche Masse hineinzubringen ..., die nicht an der emotionalen Situation beteiligt sind, daß die neue und größere Gruppe aufhört zu vibrieren.

Die Alternative besteht darin, einen anderen Prozeß in Gang zu setzen, oft einen langsameren, der die Wirkung der positiven Feedbackschleife neutralisiert. Wenn es solche Prozesse nicht gäbe, wäre es gefährlich, damit anzufangen, eine Katze zu streicheln. Im Falle des Rüstungswettlaufs könnte die Erschöpfung der Ressourcen beider Nationen für die Produktion diesen neutralisierenden Effekt haben. Die Forderung, mehr und bessere Waffen herzustellen, überlastet immer stärker ihre

Industrien, räumt den Vorrat an Rohstoffen aus und erschöpft den Einfallsreichtum der Wissenschaftler. Dies scheint einer der Faktoren gewesen zu sein, der den Wettlauf zwischen der UdSSR und den USA beendet hat.

Viele hartnäckige Organisationsprobleme können durch Hypothesen, die auf diesem Muster von eskalierenden und neutralisierenden Schleifen basieren, erhellt werden. Peter Senge (1990, S. 379) und seine Mitarbeiter haben etwa ein Dutzend unterschiedlicher Kombinationen solcher Schleifen identifiziert, die in Organisationen und im gesellschaftlichen Leben vorkommen. Er nennt sie „System-Archetypen". Das eben beschriebene Muster heißt „Grenzen des Wachstums"-Archetyp. Die neutralisierende Schleife ist ein Beispiel für negatives Feedback, das wir im folgenden diskutieren wollen.

Negatives Feedback

Negatives Feedback ist ein Feedback, das Abweichungen vom normativen Zustand korrigiert. Diese Mechanismen sind uns im alltäglichen Leben vertraut. Physiologische Mechanismen halten unsere Körpertemperatur bei etwa 37 Grad: Wenn uns zu heiß wird, schwitzen wir; wenn uns kalt wird, zittern wir. Ein Radfahrer gleicht die ständige Tendenz des Rades, zur Seite zu fallen, aus, indem er den Lenker nach rechts und links bewegt; der Radfahrer empfindet das allmähliche Fallen des Rades als negatives Feedback und reagiert darauf – sofern er kein Anfänger ist – ganz automatisch.

Ein wesentlicher Teil der Arbeit von Managern und Verwaltern hat damit zu tun, Ziele und Standards zu setzen und Abweichungen von diesen Normen zu korrigieren. Die Vorräte werden weniger; wir müssen mehr einkaufen. Die Berichte für die Komitees kommen zu kurzfristig vor den Sitzungen bei ihnen an; wir müssen sie früher erstellen. Die Parteimitgliedschaft sinkt; wir müssen eine Kampagne starten, um mehr Mitglieder zu werben. Negative Feedbackschleifen haben also die Form, wie sie in Diagramm 6, Seite 84 dargestellt ist.

Senge (1990, S.89 ff.) weist darauf hin, daß es oft zu einer Verzögerung kommt, bevor die Wirkung der korrigierenden Handlung einsetzt (siehe Diagramm 7, Seite 84). Wird diese Verzögerung nicht erkannt, kann das ernsthafte Folgen haben. Wenn unsere Handlung keine Wirkung zu haben scheint, meinen wir vielleicht, es geschähe nichts, und intervenieren erneut; wenn sich dann die Veränderung zeigt, stellen wir fest,

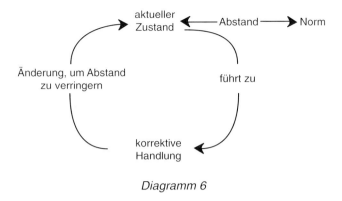

Diagramm 6

wir haben überreagiert. SENGE gibt das bekannte Beispiel mit der Dusche. Das Wasser ist zu kalt, also drehen wir den Wasserhahn in Richtung des roten Pfeils (heiß). Die Temperatur steigt sich nicht sofort, also drehen wir weiter. Jetzt wird das Wasser allmählich wärmer, da wir aber überreagiert haben, wird es weiter heiß, bis wir aus der Dusche springen müssen.

Diagramm 7

In den letzten Jahren, als die britische Wirtschaft in die Rezession stürzte, haben viele Organisationen auf die sich verschlechternde finanzielle Lage reagiert, indem sie Angestellte entließen. In der letzten Zeit haben wir von mehreren gehört, die später einige derselben Angestellten wieder unter Vertrag genommen haben und *sie bezahlen konnten*. Ein Manager sagte: „Wenn wir nur gewartet hätten! Wir hätten nicht so viele entlassen müssen." Anscheinend waren sie wegen der finanziellen Rentabilität so in Sorge, daß sie nicht abwarteten, bis die ersten Sparmaßnahmen zum Tragen kamen, und entließen daher unnötigerweise weitere Mitarbeiter.

Komplexere Feedback-Muster

Viele organisatorische und gesellschaftliche Prozesse sind zu komplex, um angemessen in einer einzigen positiven oder negativen Feedbackschleife dargestellt werden zu können. Wir haben schon auf Prozesse hingewiesen, die anfangs eskalieren und sich dann einpendeln und die durch ein Muster positiver und negativer Schleifen dargestellt werden können, die SENGE „Grenzen des Wachstums" nennt (siehe Diagramm 8; die Plus- und Minuszeichen im Diagramm bezeichnen die positiven und negativen Schleifen). Eine eskalierende Handlung verschlimmert den problematischen Zustand. Die korrigierende Handlung verbessert ihn.

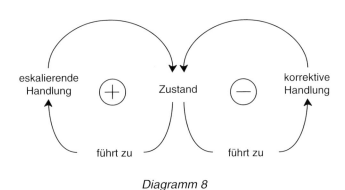

Diagramm 8

Dies ist ein bekanntes Muster. Viele freiwillige Organisationen mit einem charismatischen Führer und enthusiastischen Mitarbeitern erzielen in den ersten Jahren erstaunliche Ergebnisse. Später nehmen Wachstumsrate und Erfolg ab oder gehen sogar in die entgegengesetzte Richtung, da das Ausmaß der Operationen eine formellere Organisation und professionelle Leitung erfordert und spätere Generationen von Mitarbeitern und freiwilligen Helfern weniger bereit sind, sich für das Ziel zu Tode zu arbeiten.

In Kapitel 6 beschreiben wir ein weiteres der von SENGE genannten Feedback-Muster.

Manchmal wird die Sackgasse, in der eine Organisation steckt, durch ein *Hin- und Herschwanken (oszillieren)* zwischen verschiedenen Positionen deutlich, von denen keine haltbar ist. Solche Situationen können manchmal bezeichnenderweise als Manifestationen unlösbarer *Dilemmata* gedeutet werden, die von der Art und Weise abhängig sind, wie die Organisation oder ein Teil von ihr sich in den Köpfen ihrer Mitglieder darstellt. Wir umreißen diesen eindrucksvollen Ansatz des Hypothetisierens in Kapitel 6.

Wie wir bereits sagten, gibt es nicht so etwas wie die einzig richtige Art, eine Hypothese zu formulieren. Der Test für ihre Angemessenheit liegt in ihrem Erklärungswert der problematischen Situation und in ihrer Nützlichkeit für das Eröffnen neuer Handlungsmöglichkeiten. Im nächsten Abschnitt stellen wir eine Reihe anderer Ansätze des systemischen Hypothetisierens vor.

Regeln aussprechen

Eine gute Möglichkeit, repetitive Verhaltensmuster eines Teams oder einer Organisation in den Griff zu bekommen, besteht darin, sie in Form von Regeln zu beschreiben, an die sich die Betreffenden zu halten scheinen. Es ist nicht gesagt, daß sie sich selbst der Regeln bewußt sind oder daß die Regeln außer in Worten, die der Konsultant benutzt, um sie zu artikulieren, überhaupt existieren. Sie sind aber sinnvoll, wenn sie den Konsultanten oder die Mitglieder der Klientengruppe in die Lage versetzen, das zu bezeichnen – und sei es noch so grob – was geschieht.

Zum Beispiel fällt einem Konsultanten vielleicht auf, wie der Klient in seiner Geschichte von mehreren ähnlichen Ereignisfolgen erzählt (wir stellen uns vor, der Klient ist Direktor einer freiwilligen Organisation). Jedesmal, wenn die Leitung eine neue Initiative ankündigt, gibt es lautstarke Kritik von freiwilligen Mitgliedern im ganzen Land, was zu einem Streit im Vorstand zwischen dem Direktor und den Vorstandsmitgliedern darüber führt, ob die Initiative beschnitten werden soll. Der Satz, den wir eben geschrieben haben, ist bereits der Anfang einer Hypothese: Er sagt aus, in dem Bericht des Direktors gäbe es diese Wiederholung. Dies könnte in folgender Weise als eine Reihe von Regeln formuliert werden:

Regel 1: Jedes Mal, wenn die Leitung eine Initiative ergreift, werden die freiwilligen Mitarbeiter lautstark ihre Kritik äußern.

Regel 2: Jedes Mal, wenn die freiwilligen Mitarbeiter ihre Kritik äußern, wird es im Vorstand einen Streit zwischen Vorstandsmitgliedern und Direktor geben.

Diese Hypothese hat einen unmittelbaren Nutzen, indem sie weitere Fragen aufwirft. Widersprechen die Mitarbeiter bei jeder Initiative oder nur bei denen, die z.B. mit Geldbeschaffung zu tun haben? Oder bei denen, die von bestimmten Personen angeregt werden? Legen alle MitarbeiterInnen Widerspruch ein oder gibt es eine erkennbare Untergruppe? Sind dies die einzigen Streitigkeiten im Vorstand oder gibt es noch andere? Durch diese Fragen ist es möglich, die Regeln etwas genauer zu bestimmen, oder man kommt zu dem Schluß, die angenommenen Regelmäßigkeiten seien eine Folge von Einbildung.

Arbeitet man mit diesen im wesentlichen linearen (A –> B) Regeln, kann sich daraus mehr Information ergeben, was dann zur Formulierung einer zirkulären oder selbst-referentiellen Regel führt. Zum Beispiel:

Die Angestellten führen ein neues Verfahren ein ...

... also protestieren die freiwilligen Mitarbeiter ...

... also gibt es Streit im Vorstand ...

... also zieht der Direktor das Verfahren zurück ...

... also führen die Angestellten ein weiteres Verfahren ein ...

... und die freiwilligen Mitarbeiter erheben Einspruch ...

... und so weiter ...

Nach unserer Erfahrung kann es eine wirkungsvolle Intervention sein, wenn man einer Gruppe die Regeln, denen sie zu gehorchen scheint, vor Augen hält – oder besser noch, wenn man mit ihnen daran arbeitet, die Regeln zu formulieren. Sind die Regeln erst einmal ausgesprochen, ist es für die Gruppe schwer, sich weiter so zu verhalten wie bisher. Oder es gibt einen erneuten Streit im Vorstand, und dann sagt jemand: „Jetzt haben wir wieder denselben Punkt erreicht!", und die Leute treten einen Schritt zurück und suchen nach einer anderen Verfahrensweise.

Benutzt man also beim Hypothetisieren einen Ansatz, der darauf basiert, unausgesprochene Regeln für das Team oder die Organisation zu formulieren, so kann man dies als einen Weg ansehen, Feedbackschleifen zu konstruieren oder eine Intervention zu schaffen.

Neue Geschichten anstelle der alten

Es ist auch möglich, das Verhaltensmuster in einer Organisation in Form einer sich wiederholenden Geschichte zu beschreiben. Wie der Ansatz mit den Regeln, hat auch dieser den Vorteil, den Mitgliedern der Organisation leicht vermittelbar zu sein. Bei der Konsultation mit Sarah (Kapitel 3) stellte einer von uns folgende Hypothese auf:

> Dies ist die Geschichte eines Mannes, der großes Verständnis für junge Leute hat und für den die neue Philosophie des Projekts keinen emotionalen Sinn ergibt. Je mehr Druck man auf ihn ausübt, desto mehr sucht er nach Ausweichmanövern (d.h. es handelt sich um eine „mehr desselben-Lösung").

In dieser Hypothese steckt ein mögliches Druckmittel, da sie den Klienten und die Konsultanten auffordert, die Situation aus der Position des Mitarbeiters statt aus der Position der Projektleiterin zu sehen – wie sie es bisher meist getan hatten. Die Hypothese könnte die Beteiligten auch an andere Situationen erinnern, bei denen ein erfahrener Mitarbeiter skeptisch in Bezug auf neue Initiativen der Organisation war und sie sich vielleicht mit ihm identifiziert haben; sie hat also eine gewisse emotionale Anziehungskraft. Sie zeigt auch die Zirkularität und Symmetrie des Musters auf, das beschrieben wurde: je mehr du den Mitarbeiter antreibst, desto mehr stemmt er die Hacken in den Boden.

Hinter dieser Art Arbeit mit Geschichten steckt noch mehr. Es entwickelt sich zur Zeit bei der Einzel- und Familientherapie ein kürzlich von WHITE und EPSTON (1990) und GUSTAFSON (1992) beschriebener Ansatz, der allmählich auf das Leben von Organisationen angewendet wird. Diese Autoren behaupten, es sei mehr als nur ein Kunstgriff zum Zwecke der Interpretation, wenn Konsultanten Angelegenheiten von Familien (oder Organisationen) mit Hilfe von Geschichten beschreiben. Ihrer Meinung nach liefert unsere Kultur uns ein ganzes Repertoire an Lebensgeschichten eines einzelnen Mannes, einer einzelnen Frau, einer Ehe, einer Familie, einer Arbeitsgruppe oder einer Organisation. Diese konditionieren unsere Erwartungen in Hinblick darauf, was geschehen wird und was wir wahrnehmen. Wir setzen also Familiendramen in Szene und sind nicht fähig, alternative Bahnen für uns zu schaffen – neue Geschichten, die nicht in unserer kulturellen Anthologie stehen.

Unter diesem Gesichtspunkt könnte das Ziel für einen Konsultanten darin gesehen werden, mit dem Klienten-System daran zu arbeiten, eine neue Geschichte für sich zu finden. Dabei geht es nicht um den Versuch, die alte Geschichte zu einem Abschluß zu bringen: konzentriert man sich darauf, sei es auch nur mit der Absicht, sie zu beenden, wird sie am Leben erhalten. Vielmehr soll man untersuchen, ob vielleicht eine andere, bevorzugte Geschichte bereits unbemerkt gespielt wird, und auf diese sollte dann die Energie gelenkt werden. COOPER und GUSTAFSON (1992) beschreiben, wie der Konsultant sich bemüht, „im neutralen Niemandsland" zwischen den alten und neuen Geschichten zu bleiben. Der Sog, in die alte Geschichte hineingezogen zu werden, ist sehr stark; ebenso besteht die Gefahr, sich zu sehr mit der neuen Geschichte zu identifizieren und diejenigen zu verlieren, die sich mit der alten identifizieren. Zum jetzigen Zeitpunkt haben wir noch nicht viel Erfahrung mit der Arbeit an diesem Ansatz. Sein Wert könnte aber letztlich darin liegen, daß er Konsultanten in die Lage versetzt, weit voraus zu schauen und nicht zu viel zu schnell zu erwarten. Sie können beobachten und bereden, wie die alte Geschichte weiter abläuft und wie die neue Geschichte wieder auftaucht und neue Handlungsteile entwickelt. So weit es ihnen gelingt, in dieser Weise neutral zu bleiben, machen sie es auch für Mitglieder des Klienten-Systems möglich, sich zu befreien.

Umdeuten

All diesen Hypothetisierungsansätzen, die wir beschrieben haben, liegt eine fundamentale Strategie zugrunde, die aus der Familientherapie stammt und als Umdeutung (reframing) bekannt ist. WATZLAWICK und seine Kollegen definieren „umdeuten" in folgender Weise:

> Eine Umdeutung besteht also darin, den begrifflichen und gefühlsmäßigen Rahmen, in dem eine Sachlage erlebt und beurteilt wird, durch einen anderen zu ersetzen, der den „Tatschen" der Situation ebenso gut oder sogar besser gerecht wird, und dadurch ihre Gesamtbedeutung ändert. (1974, S.95)

Ereignisse besitzen ihre Bedeutung je nach dem Kontext – oder, um die hier verwendeten Begriffe zu benutzen, je nach dem Rahmen, in den wir sie stellen. Ein sonniger Tag hat eine Bedeutung für eine Familie, die ihre Ferien beginnt, eine andere für den Bauern nach wochenlanger Dürre, und wieder eine andere für den Umweltschützer, der sich wegen der globalen Erwärmung Sorgen macht. Oder mit den Worten dieses Reims gesagt:

Zwei Gefangene blickten in die Ferne,

der eine sah Dreck, der andere die Sterne.

Die mythologische Geschichte von den Arbeiten des Thor zeigt die Wirkung des Umdeutens auf das Erleben eines Mißerfolgs. Thor wird von den Göttern eine Reihe von Aufgaben gestellt. Eine besteht darin, ein riesiges Horn mit Wein auszutrinken. Thor hebt das Horn an die Lippen und trinkt und trinkt, aber als er voll des Weines ist und erschöpft absetzt, stellt er fest, daß er nichts erreicht hat: Das Horn ist noch bis zum Rand gefüllt. Er glaubt, die Prüfung nicht bestanden zu haben, bemerkt aber mit Erstaunen, daß die Götter voller Bewunderung sind. Wie sich herausstellt, enthielt das Horn die Ozeane der Welt und sein Trinken hat Ebbe und Flut geschaffen, die bis heute bestehen. Er hat *wirklich* Wogen erzeugt! Es ist eine tröstliche Geschichte für diejenigen, die riesige Probleme in Angriff nehmen und desillusioniert sind, wenn sie versagen. In Kapitel 1 haben wir das aus vielen Disziplinen zusammengestellte Team beschrieben, deren Mitglieder sich als „Versager" sahen, „die nicht imstande waren, ihr Ideal von Teamarbeit zu verwirklichen", die dann aber anfingen, „sich so zu sehen, daß sie eine niedrige, aber nützliche Ebene der Zusammenarbeit angesichts massiver Hindernisse erreicht hatten".

Das Konzept des Umdeutens ist von CRONEN und PEARCE in ihrer Theorie des „Coordinated Management of Meaning" weiter ausgeführt worden und hier in Kapitel 3 umrissen. Dort beschrieben wir, wie eine Bewährungshelferin, Ella, Möglichkeiten entdeckt, Unstimmigkeiten mit dem Kollegen aus einem anderen Team in neuem Licht zu sehen und damit anders umzugehen lernt; dies geschah mit Hilfe eines Konsultationsprozesses, der sie in die Lage versetzte, diesen Konflikt im Kontext von Meinungsverschiedenheiten und Verwirrungen auf einer höheren Ebene in der Hierarchie der Organisation zu sehen.

Bevor ein Manager Möglichkeiten entdeckt, wie eine Situation in einen neuen Rahmen gestellt werden kann, mag es für ihn notwendig sein, sie „aus dem Rahmen" zu nehmen – d.h. von ihrem unmittelbaren Kontext und den dazugehörigen Gefühlen zu abstrahieren, um wieder auf das neugierig zu werden, was da eigentlich geschieht, nur um der

Sache willen. Wenn sie aus ihrem Rahmen genommen ist, fallen ihm vielleicht andere Dinge auf, die geschehen und die bis dahin nicht beachtet wurden, da sie nicht zur dominierenden Geschichte paßten. Er erhascht vielleicht einen kurzen Blick auf andere Geschichten. Das Feststecken ist oft noch „fester", weil die Betroffenen die Dinge nicht sehen können, die nicht zu ihrer Unglücksgeschichte passen. Gemeinsame Ausflugstage, wenn das Team einen Tag zusammen im Hotel statt im Büro verbringt, ist ein Hilfsmittel, um die Angelegenheiten des Teams „aus dem Rahmen" zu nehmen. Noch besser funktioniert dies, wenn eine außenstehende Person daran teilnimmt, für die das Geschehen im Team nicht aus Episoden einer bekannten Geschichte besteht und deren Unwissenheit es für die Betroffenen notwendig macht, Ereignisse, deren Bedeutung bis dahin nicht hinterfragt worden war, neu zu betrachten und zu schildern.

Positive Konnotation

Positive Konnotation ist eine besondere Form der Umdeutung, bei der ein Verhalten, das als schlecht dargestellt wurde, innerhalb eines bestimmten Bezugsrahmens als funktional und in diesem Sinne also auch als gut umgedeutet wird. In Kapitel 1 beschrieben wir eine Situation, die Clive, der Direktor eines Sozialdienstes, dargelegt hatte. Seine Versuche, Veränderungen in der Abteilung durchzusetzen, wurden von einem unkooperativen Teammitglied boykottiert. Es stellte sich aber heraus, wie wenig erwünscht die Veränderungen bei einigen Abteilungsleitern waren. Die Konsultantengruppe meinte,

> eine Möglichkeit, die Situation zu deuten, sei die, daß die einzelnen Abteilungsleiter *die Institution daran hinderten, sich zu schnell zu entwickeln*. Das unkooperative Teammitglied repräsentierte vielleicht eine recht große Gruppe von Leuten, die an dem festhalten wollten, was an ihrer Arbeitsweise erprobt und vertraut war.

Die positive Konnotation, die durch diese Hypothese impliziert ist, zeigt sich am deutlichsten in den hervorgehobenen Worten. Diese Art Umdeutung geht von folgender Annahme aus: Was immer in einer Organisation geschieht, ist die beste Möglichkeit, die die Betroffenen bis dahin haben entwickeln können bei ihrer Suche nach Wegen durch die widersprüchlichen Wünsche und Anweisungen, mit denen sie leben müssen. Bei dieser Strategie kann das System mit Respekt behandelt werden, selbst wenn der Konsultant sich durch die negativen Gefühle des Klienten in eine bestimmte Richtung gezogen fühlt.

Mit Hypothesen arbeiten

Es ist eine Sache, in der Lage zu sein, eine systemische Hypothese zu formulieren, und eine andere, sie benutzen zu können. Im nächsten Kapitel stellen wir Überlegungen an, wie man Hypothesen in Handlungsoptionen überträgt. Davor steht jedoch die Frage, an wen die Hypothese sich richtet. Wenn wir denjenigen, der als Konsultant wirkt, als den Sprecher betrachten, wer ist dann der Zuhörer? Der Zuhörer kann der Konsultant selbst sein, oder der Manager, der dem Konsultanten das Problem darlegt, oder die Gruppe von Leuten, die in das Problem mit einbezogen sind – Leute, die eine Rolle in der Geschichte des Managers spielen, also das Klienten-System. Wir wollen in umgekehrter Reihenfolge jede dieser Möglichkeiten untersuchen.

Das Klienten-System ansprechen

Wie wir in unseren Workshops festgestellt haben, meinen Manager oft, der beste Weg, die ihnen einleuchtenden Hypothesen zu benutzen, sei der, sie ihrem Team oder anderen Leuten in ihrer Organisation mitzuteilen. Sie berufen eine Sitzung ein, um das weiterzugeben, „was mir in diesem Kurs gesagt wurde", und hängen Diagramme an ihrer Bürotür auf. Ein Bericht von Mark, dessen Geschichte wir in Kapitel 6 diskutieren, verdeutlicht die Schwierigkeit, festzustellen, wie weise dies ist. In einem Workshop war ihm eine Hypothese in Form eines Diagramms gegeben worden. Er sagte:

> Ich benutzte das Diagramm als Unterrichtshilfe in Seminaren und bei einer Abteilungskonferenz. Es gab eine gemischte Reaktion von den weißen und den schwarzen Angestellten: einige fanden es interessant, einige konnten nichts damit anfangen.

Wenn es keinen Sinn ergibt, hilft es nicht; aber eine anfangs unverständliche Aussage kann große Wirkung zeitigen, wenn der Zuhörer sich weiter damit herumschlägt. Es scheint vielversprechender zu sein, wenn der Zuhörer es interessant findet, aber ist es das wirklich? ARCHIMEDES, der als erster die Hypothese formulierte, die als das „Gesetz des ARCHIMEDES" bekannt wurde, fand sie äußerst interessant, als er ins Bad stieg und das Wasser überlief. VITRUVIUS beschrieb das mit den Worten:

> Als der Gedanke ihn durchfuhr, sprang der Philosoph aus dem Bad und rief: „Heureka! Heureka!" und, ohne sich erst anzuziehen, rannte er nach Hause, um das Experiment auszuprobieren. („Eureka", in Brewer's Dictionary, 1981)

Die Frage ist nicht, ob die Zuhörer die Hypothese interessant finden, sondern ob sie sich auf die Hypothese einlassen wollen – das „Experiment ausprobieren" – und dieser Wunsch wird manchmal allzu naiv bei ihnen vorausgesetzt.

Es kann mehrere Probleme geben, wenn man eine Hypothese an eine Gruppe von Kollegen weitergeben möchte. Der Manager kann es unter Umständen selbst vermeiden, sich auf sie einzulassen. Er erweckt möglicherweise einen gewissen Antagonismus in der Gruppe, wenn er andeutet, daß er ihre Angelegenheiten mit Fremden besprochen hat, und nun sozusagen die Fremden in Gestalt ihrer Ideen bei ihnen einführt. Er ignoriert vielleicht die Möglichkeit, die Hypothese könnte, wenn sie etwas taugt, Widerstand unter denjenigen erwecken, für die das augenblickliche Feststecken praktische und emotionale Vorteile hat – was es haben muß, wenn sie sich so sehr dafür engagieren.

Den Klienten ansprechen

Eine Konsultation ist oft so lange streßfrei, wie Konsultant und Klient Seite an Seite sitzen und ein Problem „da drüben" analysieren. In unseren Workshops beziehen viele Hypothesen, die dem sein Problem Darstellenden angeboten werden, eben diesen Darstellenden nicht mit ein. Zum Beispiel stellte eine Teamleiterin das Problem mit einer Mitarbeiterin dar, die feststeckte: Wie konnte ihr geholfen werden, sich in positiver Form weiterzubewegen? Zwei Mitglieder des Workshops boten folgende Hypothese an:

> Da sie immer ganz allein stand, getrennt vom übrigen Team, und wegen der Reputation, die sie (zu recht oder zu unrecht) erworben hatte, erfüllt sie nun eine wichtige Funktion im Team – sie war diejenige, die dem Vorstand auf die Finger klopfte. (Wenn man sie fortnähme, würde jemand anders ihren Platz einnehmen.)

Dies ist eine implizit zirkuläre Hypothese, da sie davon ausgeht, die Mitarbeiterin und der Rest des Teams seien in einem System miteinander verbunden, in dem sie eine wesentliche Rolle spielt. Aber die Teamleiterin wird dabei nicht in das System einbezogen: sie wird als eine Person dargestellt, die von außen eingreifen kann, dabei aber das Muster nicht stören wird.

Ein anderes Konsultantenpaar schloß die Teamleiterin in die Hypothese mit ein und stellte die Vermutung auf, sie könne Teil des Problems sein:

> Diese Person repräsentiert irgendeine zugrundeliegende Angst innerhalb des Teams – möglicherweise in Bezug auf die Sicherheit der

93

Arbeitsplätze verbunden mit der Finanzierung – und wird vorgeschoben. (Die Teamleiterin) ist mit hineingezogen worden, schützt den Einzelnen und steht auf seiner Seite, was nur den Antagonismus des übrigen Teams der Einzelnen gegenüber verstärken kann und daher deren defensive Haltung verhärtet.

Konsultanten brauchen immer genau dann ein besonders feines Fingerspitzengefühl, wenn sie Hypothesen anbieten wollen, bei denen die Darstellenden Teil des Problems sind, entweder (wie hier) durch ihr Verhalten in einem Feedbacksystem, das nun erkannt worden ist, oder durch die Art und Weise, wie sie die von ihnen selbst beschriebene Situation deuten. Diejenigen, die wir eben zitierten, haben dem Argument die Schärfe genommen, indem sie die Leiterin als jemanden darstellten, die passiv mit unglücklichen Folgen „hineingezogen wurde". In einer schärferen Hypothese wäre erklärt worden, was die Teamleiterin gewann, als sie den Antagonismus des Teams auf die feststeckende Mitarbeiterin richtete, indem sie diese schützte und sich auf ihre Seite stellte.

Nach Ärger suchen

Das Transkript einer anderen Konsultation zeigt, wie ein Teamleiter, Hugh, und eine Konsultantengruppe zur Deutung einer schwierigen Situation gelangten, in die einbezogen wurde, welche Befriedigung Hugh aus ihr zog. Hugh beschrieb, wie er die Aufforderung seines ihm übergeordneten Managementteams annahm, ein neues Team von Spezialisten zu leiten, dessen Mitglieder von drei anderen Teams in der Gegend abgezogen werden sollten. Das Team wurde ohne Konsultation mit den betroffenen Mitarbeitern zusammengestellt, und die Idee stieß bei den Leitern und Mitgliedern der drei Teams auf Widerstand. Nach einer gewissen Fragezeit stellte die Gruppe ihre Wieder-Erzählungen der Geschichte vor. Hier nun Hughs eigene Wieder-Erzählung seiner anfangs viel längeren Darstellung:

> Hugh hatte bei der Bildung dieses Teams keine Rolle gespielt. Die meisten in seinem neuen Team und auch die Teamleiter, mit denen er zusammenarbeiten muß, und die drei übrigen Teams aus der Umgebung sind – um es milde auszudrücken – von der Idee nicht begeistert. Er ist daher recht isoliert und hat den Eindruck, die ganze Last der Verpflichtung liegt bei ihm, das Team zu erfolgreichem Arbeiten zu bringen.

Die Konsultanten (K1, K2) überlegten, warum Hugh die Aufgabe akzeptiert hatte:

K1: Warum haben Sie sich dafür zur Verfügung gestellt?

H: Weil es etwas Neues war. Weil ich gern etwas ganz von vorn anfange mit einem noch nicht festgelegten Muster. Es war naiver Enthusiasmus, aber Veränderungen regen mich an.

Er muß über diese Frage weiter nachgedacht haben, denn später kommt er noch einmal darauf zurück:

H: Was meine Motivation anlangt: Beide vorigen Managementaufgaben, die ich hatte, waren in einem schrecklichen Zustand gewesen. Das eine war ein Heim, in dem der vorherige Leiter ein ziemliches Durcheinander verursacht hatte; und das andere war ein Projekt, aus dem der vorige Manager entlassen worden war. Ich hatte noch nicht die Verbindung gesehen: Ich scheine von solchen extrem schwierigen Situationen angezogen zu werden.

K2: Haben Sie jemals zu einer Fallschirmspringertruppe gehört?

K1: Wenn wir jetzt zu den Interventionen übergingen, könnten wir Ihnen gratulieren ...

H: ... weil ich wieder dasselbe mache. Ja.

K1: Sie haben die Arbeit gefunden, die Ihnen wirklich gefällt!

Sich selber ansprechen

Manchmal ist es am besten, sich selbst, den Konsultanten, als den Adressaten einer Hypothese zu sehen. Das steckt natürlich dahinter, wenn ein Manager sich eine Auszeit nimmt, um seine eigene Situation allein zu analysieren. Aber eine Hypothese führt häufig dann zur Veränderung, wenn wir uns als Konsultanten gegen unseren eigenen Widerstand von Annahmen und Identifikationen lösen, die uns zu stark in den Feedbackschleifen festhalten, die wir zu entwirren versuchen. (Wir sprechen vom Konsultanten, der „außerhalb" der problematischen Situation steht, aber in dieser Art systemischen Denkens gibt es kein innerhalb und außerhalb. Feedbackschleifen respektieren keine konventionellen Grenzen.)

Konsultanten bringen wie die Teamleiter in den beiden vorigen Beispielen ihre eigenen bewußten und unbewußten Wünsche mit in die Arbeit ein. Ihre Fähigkeit, Hypothesen aufzustellen und neue Bedeutungen zu schaffen, ist durch ihre eigene Identifikation vor allem mit Theorien und

Ideologien eingeschränkt. Der Kalender einer der beiden Autoren bietet für jede Woche einen weisen Gedanken an. Beim Schreiben dieses Buches hieß es in der einen Woche:

> Es gibt keine Stolpersteine – außer im Geist.

Diese Bindung an die eigene Identifikation wird in unseren Workshops verdeckt oder abgemildert, weil die Teilnehmer als eine Konsultantengruppe handeln und verschiedene Hypothesen anbieten. Die Pluralität und Verschiedenheit der Hypothesen macht deutlich, daß keine von ihnen die ganze Wahrheit für sich beanspruchen kann. Manchmal sieht man jedoch, wie eine Gruppe in der Spielbreite ihrer Hypothesen eingeschränkt ist, da sie die gleichen Überzeugungen über gesellschaftliche oder demokratische Werte teilt, oder an unbewußte Gruppenprozesse oder Systemtheorien glaubt. Jede Theorie und jedes Wertesystem ist wie eine Fackel im dunklen Raum: Sie erhellt Dinge, die vorher verborgen waren, und sie läßt Dinge, die sie nicht erreicht, im dunkeln.

Nach Ärger suchen (Fortsetzung)

Um einige Aspekte des Hypothetisierens, die wir in diesem Kapitel erörtert haben, zu verdeutlichen, fahren wir mit unserem Bericht über die Konsultation mit Hugh (dem Teamleiter der Fallschirmspringertruppe!) fort. Nach dem Gespräch, das wir dargestellt haben, ging Hugh weiter auf die Wieder-Erzählungen ein. Dabei erweiterte er den Rahmen, in dem er die Situation beschrieben hatte, was eine neue Gedankenkette bei einem in der Gruppe auslöste:

> H: Dies wurde außerhalb der Organisation von der Regierung angeregt. Es gab also eine Veränderung der Anforderungen der Außenwelt, auf die die Organisation irgendwie reagieren mußte. Und sie beschloß, auf diese bestimmte Art zu reagieren.
>
> K2: Hier erhebt sich ein interessanter Gesichtspunkt des systemischen Denkens. Sobald der höheren Managementebene selbst eine Veränderung aufgezwungen wird, neigt sie dazu, sich entsprechend der Realität, die sie gerade erfahren hat, zu verhalten. Also befiehlt sie Veränderung. Diese Organisation ist Teil einer Kultur in diesem Land, in der man sich immer als das Opfer von auferlegten Veränderungen betrachtet, und dies verändert allmählich Stil und Werte im Management.

Diese Beobachtung führte uns in die Hypothetisierungsphase. Die Gruppenmitglieder arbeiteten paarweise an ihren Aussagen. Das erste Paar sagte:

Das Management dieser Organisation reagiert auf gesetzliche Anforderungen, ohne im voraus zu planen und sich zu beraten, selbst wenn diese schon seit einiger Zeit zu erwarten waren. Sie reagieren, indem sie sich an begabte Einzelpersonen wenden und versuchen, die Verantwortung für die Durchführung dieser gesetzlichen Vorgaben auf sie abzuwälzen. Hugh ist eine dieser begabten Einzelpersonen, die Veränderungen lieben und offensichtlich gut darin sind, mit schwierigen Situationen umzugehen. Je erfolgreicher er diese Situation anpackt, desto mehr wird das obere Management darin bestätigt, in dieser Weise vorzugehen. Hugh erhält auch die Belohnung, das tun zu können, was er gern macht, und erntet vermutlich die Anerkennung des höheren Management dafür. Also behält das Management diese Verfahrensweise bei, statt gut durchdachte Zusammenarbeit anzustreben.

Diese Hypothese geht von einer Organisationsgeschichte aus, in der die Führung – die die Möglichkeit hätte, die Organisation vor den Folgen der erzwungenen Änderung zu schützen – vor den potentiell schädlichen Folgen, die eine von ihnen erzwungene Änderung brächte, durch „talentierte Einzelpersonen" gerettet wird, die die Änderung zum Laufen bringen. Die Zirkularität der Hypothese ist klar: Je mehr die begabte Einzelperson ihre vorgesetzten Manager rettet, desto mehr führen die Manager Veränderungen ohne vorherige Beratung ein, und um so häufiger muß die begabte Einzelperson sie retten.

Die Hypothese steht im Rahmen eines Wertesystems, das die Verhaltensweise des höheren Managements mit einer negativen Konnotation belegt: sie „laden Verantwortung ab", sie streben keine „gut durchdachte Zusammenarbeit an". Hugh wird entsprechend idealisiert: Er ist „begabt" und „offensichtlich gut darin, mit schwierigen Situationen fertig zu werden". Wir erkennen diese Idee in der Geschichte als das Mittel, mit dessen Hilfe die Konsultanten ihre Beziehung zu Hugh, ihrem Klienten, schützen. Sie veranschaulicht unsere bereits erwähnten Überlegung, daß nämlich die Fähigkeit der Konsultanten, neue Bedeutungen zu sehen, durch ihre eigenen Identifikationen und Ideologien eingeschränkt wird. Wenn die Konsultanten in der Lage gewesen wären, ihre eigenen Gefühle in dieser Situation zu erkennen und auszuklammern, hätten sie vielleicht dem höheren Management in seiner Abwesenheit zu der geschickten Art und Weise gratuliert, wie sie ihre Angestellten einsetzten, um Regierungsanweisungen umzusetzen, ohne wertvolle Zeit und Energie mit Planung und Beratung zu verbringen. Dies hätte Hugh krasser mit der Tatsache konfrontiert, wie er in den Augen des höheren Managements mit dieser Strategie zusammenarbeitete.

Das zweite Konsultantenteam sagte:

> Hughs ursprüngliche Interpretation, seine Fähigkeiten seien wesentlich für die Schaffung dieses neuen Teams, hat gewissen Bedenken Platz gemacht, die sich selbst zu bewahrheiten drohen. Das Versagen auf der höheren Managementebene und der daraus folgende Widerstand (in der Organisation) nähren diese Bedenken noch. So wird also Hughs ursprünglicher Rahmen – eine positive Identifikation des neuen Konzepts und seine Fähigkeit, es erfolgreich durchzuführen – untergraben.

Wir fragten sie, ob sie dies als lineare oder zirkuläre Hypothese betrachteten (die Leser mögen vielleicht selbst einmal über diese Frage nachdenken). Es erwies sich, daß der Schlüsselbegriff in der Hypothese der Ausdruck „nähren" war. Sie versuchten, eine eskalierende Spirale der Demoralisierung zu beschreiben: Hugh ist anfangs enthusiastisch, aber er ist durch den Zorn über die angeordneten Veränderungen in der Organisation demoralisiert. Die Untergrabung von Hughs Enthusiasmus nährt weiterhin die negative Einstellung in der Organisation, die ihm dann noch mehr zusetzt ... Vom Standpunkt der Konsultationstechnik aus gesehen hätte diese Hypothese noch deutlicher ausgedrückt werden können, so wie in Diagramm 9.

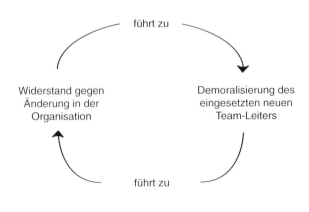

Diagramm 9

Die dritte Hypothese lautete:

> Hugh schützt die Hauptarbeit der Organisation gegen eine Regierungsintervention, indem er als jemand auftritt, der bereit ist, ein Team aus der Organisation heraus in den Dienst der Regierung zu führen auf Kosten seiner Glaubwürdigkeit als Vertreter von Veränderungen in seiner Organisation.

Dies rief verblüffte Blicke bei Hugh und der Gruppe hervor, vielleicht weil es keine Andeutung gegeben hatte, daß Hugh sein Team aus der Organisation herausführen würde. Einer der beiden, die diese Hypothese aufgestellt hatten, erklärte: „ ... per definitionem gehört man zu einem ganz anderen System, wenn sich im Laufe der Zeit Identifizierungen zu anderen Menschen in ähnlichen Arbeiten aufbauen". Dies umschreibt in anderer Form unsere frühere Aussage in diesem Kapitel, daß Feedbackschleifen die konventionellen Grenzen nicht respektieren. Die Analyse wurde in einen neuen Bereich geführt, in dem Hugh beschrieb, wie er sich selbst bei der Umstrukturierung der Praktiken innerhalb der Organisation als jemand betrachtet, der die praktische Arbeit seiner Institution in einer Form neu erfindet, die mit der aktuellen politischen Umgebung vereinbar ist. Eine Hypothese erweist sich dann als nützlich, wenn sie den Klienten dazu führt, seine Situation umzudeuten. Die Episode erinnert uns daran, wie falsch es ist anzunehmen, eine Hypothese würde ohne Erklärung oder Diskussion ihren Zweck erfüllen. Oft muß man sie geduldig durcharbeiten. Das wichtigste an der ursprünglichen Formulierung ist, daß die Konsultanten *sich selbst* etwas Neues gesagt haben.

Kapitel 5
Einen neuen Kurs finden

> „Die Frage ist", sagte Humpty Dumpty, „wer soll Herr sein – das ist alles."
>
> Lewis CARROLL, Durch den Spiegel

Das Ziel einer Intervention liegt erstens darin, ein Mittel bereit zu stellen, um dem Klienten die Bedeutung einer Hypothese mitzuteilen; zweitens ein Mittel bereit zu stellen, um ihre Nützlichkeit zu testen; und drittens natürlich darin, dem Klientensystem ein wenig nachzuhelfen, Fortschritte zu machen und einen neuen Kurs zu finden. In unseren Workshops sind die Interventionen auch eine taktvolle Möglichkeit, um auszudrücken: „Man erwartet von Ihnen, in dieser Situation anders zu handeln und auch etwas anderes wahrzunehmen."

Wie wir in Kapitel 3 und 4 umrissen haben, sind schon Fragestellungen und das Anbieten von Hypothesen selbst Interventionen, wenn sie den Manager dazu bringen, seine problematische Situation umzudeuten. Menschen müssen nicht notwendigerweise *beschließen*, sich einer neuen Information entsprechend zu verhalten: sie ändern möglicherweise spontan ihr Verhalten, weil ihre Wirklichkeit sich verändert hat.

Bis vor kurzem gab es weniger Theorien zur Ausarbeitung von Interventionen als solche, die den Bereich des Untersuchens und Erklärens unterstützten. Neuere Texte zur Entwicklung von Management und Organisation ergänzen allmählich das Gerüst der systemischen Interventionen in Organisationen (WYNNE, et al., 1986; HAMPDEN-TURNER, 1990; SENGE, 1990; CAMPBELL, DRAPER & HUFFINGTON, 1991b; TORBERT, 1991).

Paradox

Leben ist für den Systemtheoretiker im wesentlichen paradox. In ihrem Text über Familientherapie weisen SELVINI-PALAZZOLI und ihre Mitarbeiter (1978) darauf hin, daß wir als menschliche Wesen einen Weg zwischen zwei Kommunikationsarten finden müssen: einmal durch die verbale Sprache, die im wesentlichen linear in ihrer Struktur ist, und zum anderen durch die nicht-verbale Sprache des Verhaltens, die im wesentlichen zirkulär ist und auf Feedback basiert. Die verbale Sprache hat eine grammatische Struktur mit Subjekt und Objekt und schafft ein

„vorher" und „nachher": Wer tut etwas und mit wem wird etwas gemacht: „Dies impliziert Ursache und Wirkung und dementsprechend eine moralistische Definition" (S. 53). Aber was durch Verhalten und Handlung mitgeteilt wird, ist rekursiv – analog und nicht digital. Menschliche Wesen und soziale Systeme müssen sich ständig verändern, um zu überleben, aber Sprache schafft eine Illusion von Konservatismus und Stabilität. Dies führt uns dazu, Veränderung zu fürchten und unsere Fähigkeit zur Veränderung zu leugnen, obwohl wir uns tatsächlich aus biologischer und sozialer Notwendigkeit die ganze Zeit verändern. In starr kontrollierten Familien mit einem schizophrenen Familienmitglied wird jede Veränderung als Bedrohung angesehen, und das System reagiert mit wachsender Starrheit.

> Diese Familien und Systeme halten „ihr eigenes Spiel vermittels eines Gewirrs von Paradoxa, an dem alle Familienmitglieder beteiligt sind, aufrecht. Dieses Gewirr kann nur durch therapeutische Paradoxa ad hoc gelöst werden. (SELVINI-PALAZZOLI et al., 1978, S. 8)

Systemische Praxis ist daher auf eine Art und Weise ein Kampf mit Sprache, und die Frage ist, wie Humpty-Dumpty sagt, wer soll Herr sein.

Ein berühmtes Beispiel einer paradoxen Mitteilung ist der Ausspruch: „Ich bin dein Vater/deine Mutter: Du mußt mich lieben." Liebe ist jedoch ein spontanes Gefühl, das freiwillig gegeben wird, das nicht befohlen werden kann; sie ist etwas ganz anderes als pflichtbewußtes Verhalten. Die Botschaft enthält daher einen grundlegenden Widerspruch. Ein Gegenparadox ist im folgenden chinesischen Sprichwort enthalten: „Warum willst du mich töten – ich habe nie versucht, dir zu helfen." (Sozialarbeiter lachen verständnisvoll, wenn sie dies hören.)

Die verdeckte Logik ansprechen

In unseren ersten Workshops für Führungskräfte griffen wir weitgehend auf Arbeiten systemischer Familientherapeuten zurück, sowohl der strategischen wie auch der strukturellen Schule (MINUCHIN, 1974; SELVINI-PALAZZOLI et al., z.B. 1978; HALEY, 1980; CAMPBELL & DRAPER, 1985). Zum Beispiel beschreibt Peggy PAPP (1981) ein Projekt zum experimentellen Umgang mit dem Paradoxon bei der Behandlung von Familien mit symptomatischen Kindern. Wir werden an dieser Stelle und in Kapitel 6 den Begriff des Paradoxon entwickeln. Kurz gesagt sind paradoxe Interventionen solche, die wie das Gegenteil eines guten Ratschlages aussehen, aber „dazu dienen, die Problemlösungsstrategien, die selbst zu einem Problem geworden sind, zu blockieren oder ad absurdum zu führen" (SIMON, STIERLIN & WYNNE, 1985, S.269).

PAPPS Team von Praktikern am Ackerman-Institut baute auf der Erfahrung anderer Therapeuten auf, die mit Bedauern zugaben, es sei ihnen nicht gelungen, Familien zu helfen, sich zu ändern, obwohl diese behaupteten, sie wollten es. Das Team erkannte, daß Änderung selten ein völlig rationaler Prozeß ist und ein scheinbar irrationaler, verrückter oder unlogischer Rat notwendig war, um die verdeckte Logik des Systems anzusprechen und auf die Absurdität und die Kosten der Verhaltensweisen in der Familie hinzuweisen, bevor diese sich ändern konnte. Wir gewannen den Eindruck, die Ergebnisse dieser Erfahrung könnten bei der Arbeit an individuellen Rollenbeziehungen und an gruppendynamischen sowie größeren Organisationsprozessen angewandt werden.

Man muß den Kampf erwähnen, der in einer sich ständig weiterentwikkelnden Praxis der Familientherapie um Bedeutung und Wirksamkeit von Handlungsvorschlägen für Familien tobt. Einige Therapeuten meinen, Familien kümmern sich am besten selbst um ihre Pläne für Veränderungen, vorausgesetzt sie haben ein tieferes Verständnis der Schwierigkeiten erworben, in die sie verstrickt sind. Wir meinen, dieselbe Frage erhebt sich bezüglich Veränderungen in Organisationen, und auch wir haben unsere Auseinandersetzungen. Aber zur Zeit scheint das Entwerfen von Interventionen ein wichtiges Hilfsmittel beim Lernen zu sein, und daher halten wir daran fest.

Unsere Arbeit im Kontext von Organisationen hat uns mit einer neuen Fragestellung konfrontiert: An wen richtet sich dieser Rat? Wir haben bereits dargelegt, daß dem Klientensystem über den Manager, mit dem wir reden, eine Hypothese angeboten werden kann; oder sie kann an den Manager als Teil des Klientensystems gerichtet sein; oder sie richtet sich an uns selbst, die wir zeitweise auch Teil des Klientensystems geworden sind. Dasselbe gilt in Hinblick auf Ratschläge bzw. Interventionen, was man sich beim Lesen des folgenden Abschnitts vor Augen halten sollte.

Direkte Interventionen

Bei unserer Ausbildung oder bei Konsultationen in Manager-Peergruppen empfehlen wir den Konsultanten, nicht nur eine Reihe von Hypothesen über die dargestellte Situation herauszuarbeiten, sondern auf der Grundlage jeder Hypothese auch Interventionen vorzuschlagen. Wir regen sie dazu an, die Möglichkeit direkter Interventionen zu untersuchen, bevor sie annehmen, nur ein Paradox könne etwas in Bewegung bringen. Mit direkten Interventionen meinen wir Interventionen aufgrund des gesunden Menschenverstandes, die keine dynamische Komplexität berücksichtigen (Kapitel 2): Erklärungen oder technisches Know-How anbieten, in der Praxis beraten, neues Verhalten trainieren, Übungen anbieten oder detaillierte Untersuchungen durchführen – all die üblichen Mittel, die einer Organisation zur Verfügung stehen. Wir haben bei unserer Arbeit den Grundsatz, je einfacher der Rat sein kann, desto besser – vorausgesetzt, man kann ihn befolgen!

Nur wenn dieser direkte Rat rückblickend dem Manager nicht hilft, die unerwünschte Situation zu verbessern, sollte man paradoxe Methoden ausprobieren; dann geht man von der Annahme aus, es müsse einen systemischen Grund geben, weshalb der Manager eine offensichtliche Veränderung noch nicht durchsetzen konnte. Schreibt man eine direkte Intervention vor, so hat man einen Test, ob der Manager oder das System überhaupt Ratschläge annehmen können, und den Konsultanten wird geholfen zu erkennen, was sie in der Organisation erwartet. Bei direkten Interventionen kann man dem Manager zu folgendem raten:

- umfassendere Information beschaffen, besonders wenn er Information selektiv zu verwerten scheint, um sein Vorurteil zu untermauern;
- Menschen Information geben, die sie normalerweise nicht erhalten;
- Menschen zusammenbringen, die sich normalerweise nicht treffen (z.B. in „Qualitätszirkeln");
- die Rollen von Mitgliedern in Arbeitsgruppen oder Rollensets klären;
- einen Prozeß vorschlagen oder in Gang bringen, durch den ein Managementteam Ziele und Themen der Abteilung, für die sie verantwortlich sind, klarstellt.

Ein Beispiel für den dritten Vorschlag: Viele Probleme entstehen durch einen eskalierenden Austausch von Memoranden, die immer mehr mißverstanden, halb gelesen oder mit neidischem Verfolgungswahn betrachtet werden („Ich wünschte, ich hätte nur halb so viel Zeit, um so ein Zeug wie das zusammenzuschreiben"). Der einfache Rat, die Memorandenschreiber zusammenzubringen, um über die Situation zu reden, wäre schon ein riesiger Schritt nach vorne.

Die Liste könte unendlich erweitert werden. Direkte Interventionen anwenden, ist dasselbe wie Prosa reden: Wir alle tun es die ganze Zeit. Paradoxe Interventionen sind die Poesie der Konsultationspraxis. Direkte Interventionen werden in der Erwartung gegeben, sie würden befolgt und sich als sinnvoll erweisen. Auch hilft es dem Manager und ist für den Konsultanten aufschlußreich, wenn es darum geht, die eigenen Lösungsversuche des Managers ans Tageslicht zu bringen und ihn bei deren Durchführung zu unterstützen.

Vom großen Plan ablassen

Harpal war Leiterin eines Teams von Spezialisten im Bereich der Sozialarbeit; davor war sie Leiterin eines Krankenhausteams gewesen und hatte diese Rolle für kurze Zeit wieder übernommen, da die Stelle frei geworden war und die Zukunft des Teams neu überdacht werden sollte. Harpal fragte, wie sie dieses Krankenhausteam „funktionstüchtig" übergeben könnte, wenn ihre Rolle als Übergangsleiterin beendet war. Das Krankenhaus sollte geschlossen werden, und die Zukunft des Teams war daher unsicher. Sie war sich nicht darüber im klaren, worauf sie sich bei ihrer Konsultation konzentrieren sollte, und wollte offensichtlich allgemein über ihre Verwirrung und ihr Verantwortungsbewußtsein reden.

Fragen ergaben, daß Harpals Verantwortungsbewußtsein sich ebenso sehr auf das Krankenhausteam wie auf das permanent von ihr geleitete Team richtete. Die Aufgabe des Krankenhausteams würde sich in ihren Augen in der nahen Zukunft ändern: Den stationären Patienten mußte beim Übergang geholfen werden, da sie dann nicht länger stationäre Patienten sein konnten. Das Team sollte ihrer Vorstellung nach Prinzipien und Praktiken übernehmen, die denen ähnelten, die sie ihrem gegenwärtigen Team nahegebracht hatte. Aufgrund der ungewissen Zukunft würden aber Leute nur noch auf Zeit eingestellt werden, wenn jemand das Krankenhausteam verließ.

In unseren Hypothesen versuchten wir zu vermitteln, daß unserem Empfinden nach ihr Wunsch unrealistisch ist, viel Arbeit in ein Team zu stecken, das in kurzer Zeit aufgrund von Veränderungen nicht mehr existieren würde. Eine (lineare) Hypothese stellte es so dar:

> Harpal steckt viel Mühe in organisatorische Veränderungen ihrer normalen Rolle; aufgrund ihrer früheren Arbeit und ihres Verantwor-

tungsgefühls für das Krankenhaus verfährt sie auch bei der Arbeit mit dem neuen Team so, als stünden keine Veränderungen bevor.

Folgende direkte Intervention wurde gegeben:

> Versuchen Sie nicht, das Krankenhausteam in ihren großen Plan mit einzubeziehen. Geben Sie sich damit zufrieden, das Ganze am laufen zu halten. Überlegen Sie gemeinsam mit der Krankenhausleiterin, wie diese neue Strategie den Stationsleitern der Ärzte und Schwestern mitgeteilt werden kann. Überlegen Sie zusammen mit dem Team, wie sie weitermachen wollen und wie sie auf Druck von diesen anderen Gruppen reagieren können.

Harpal entspannte sich deutlich und sagte, sie hätte das Team ohne Rücksicht auf die Unsicherheiten unter starken Druck gesetzt, mit dem sie schon jetzt fertig werden mußten. Sie sagte, sie könne die Einschränkungen in dieser Situation akzeptieren. Die Konsultanten betrachteten dies nicht als systemische Intervention; es schien in Anbetracht der Situation ein logischer Ratschlag zu sein. Dennoch war er für Harpal und ihre Vorgesetzte nicht logisch oder offensichtlich gewesen.

Zwei Monate später sagte Harpal, sie habe beschlossen, in Absprache mit ihrer Vorgesetzten und dem Team ihren Zeitvertrag als Teamleiterin aufzugeben. Sie hatte dem Team geholfen zu formulieren, was sie sich von der Teamleiterin auf Zeit erhofften. Sie hatte wahrheitsgemäß darauf hingewiesen, daß in der nahen Zukunft keine Aussicht auf eine dauerhafte Anstellung bestand. Sie fragte das Team, welche Lösung sie sähen. Das Team kam später mit klaren Vorschlägen, wie sie ihr Management selber in die Hand nehmen könnten; die erforderliche Arbeit dafür würden sich einige Teammitglieder teilen können. Harpal meinte, ihre eigene veränderte Einstellung habe das Team in die Lage versetzt, die Probleme selbst in Angriff zu nehmen. Wie wir jedoch zwei Monate später von ihr erfuhren, wurden die Pläne vom höheren Management abgelehnt, das schließlich darauf bestand, eine Vollzeit-Teamleiterin anzustellen. Harpal vermutete, ihr Vorschlag habe vielleicht Ängste erweckt, die Management-Elite könnte eine Abwertung erfahren, als sie unterstellte, gewisse Bereiche des Managements könnten von fast jedem übernommen werden. Man könnte auch die paradoxe Anweisung in Harpals Intervention erkennen – der beste Weg, Vorgesetzte dazu zu bringen, jemanden anzustellen, ist der, ihnen nahezulegen, man könne auch ohne diese Person auskommen!

Paradoxe Interventionen

Wie wir bereits erwähnt haben, sollten paradoxe Interventionen nur benutzt werden, wenn man mit der Situation nicht weiterkommt oder wenn der Manager mehrere verschiedene Lösungen versucht hat, die nur zu einer Eskalation der unerwünschten Situation geführt haben.

* * *

Ein Manager, Howard, stellte seine Situation in einer Weise dar, die eigentlich nahelegte, daß er selbst das Problem war: Er versuchte, viel zu viel zu tun, war nicht mit der Qualität seiner Bemühungen zufrieden und nie imstande, irgendetwas zu Ende zu bringen. Er fügte hinzu, er würde „eine harte Nuß" sein, da er schon seit zwanzig Jahren so sei. Sein Vorgesetzter meinte auch, er übernähme zu viel, und hatte ohne Erfolg versucht, ihn dazu zu bringen, sich einzuschränken. Es war offensichtlich, wie sehr er sich darauf freute, die Konsultanten zu besiegen.

Wie die Fragen verdeutlichten, schien es bei dem Problem mehr darum zu gehen, wie der Manager mit seiner Rolle umging, als um den Arbeitsumfang selbst. Das Team riet ihm, im Moment noch keine Veränderung zu versuchen. Sie sagten, es würde ein zu großer Schock für ihn sein und ihn vielleicht deprimieren. Er sollte sehr vorsichtig sein, könnte aber vielleicht ausprobieren, im Laufe des nächsten halben Jahres einen unwichtigen Bereich seiner Arbeitslast aufzugeben.

Zwei Monate später berichtete Howard, er habe in der letzten Konsultation mit uns festgestellt, wie wichtig es für ihn gewesen war, sich zu viel aufzuladen und der „große Experte" zu sein. Er hatte sich danach selbst gefragt: „Möchte ich bei meinem geringen Gehalt so hart arbeiten?" Daraufhin kürzte er seine Arbeitszeit, war viel glücklicher und hatte von seinem Manager die Genehmigung erhalten, einen MA [„Master of Arts"] über organisatorische Veränderungen zu machen. In seinen Augen war viel Energie frei geworden, die ihm ermöglichte, seine Arbeit mit mehr Zuversicht zu erledigen.

Diese letzte Intervention ist das, was Peggy PAPP (1981, S. 246) eine „auf Widerstand basierende Intervention" nennt. Sie gründet sich auf der Annahme, der Klient habe Autoritäten gegenüber eine widerspenstige und keine entgegenkommende Haltung. Solche Interventionen werden bei Einzelnen oder Gruppen eingesetzt, die stark motiviert sind, Experten zu besiegen, wenn diese versuchen, in ihr Leben einzugreifen. „Auf Entgegenkommen basierende Interventionen" werden bei denen benutzt, die den Experten vertrauen und sie respektieren, ganz gleich, ob sie Beweise für deren Kompetenz haben oder nicht.

Papp beschreibt drei Haupttechniken für das Entwerfen und die Anwendung einer systemischen Paradoxie:

– umdeuten (sie benutzt den Ausdruck „umdefinieren")

– verschreiben

– einschränken (warnen vor Veränderung)

Die Intervention (oder Nicht-Intervention), die Howard gegeben wurde, kann als Beispiel für eine einschränkende Intervention gelten. Dies wird später in diesem Kapitel erläutert.

Umdeutende Interventionen

Wenn eine Klientengruppe ein Bild malt, in dem sie Opfer von Prozessen innerhalb der größeren Organisation sind, könnte man systemisch intervenieren und ihnen zu ihrer Bereitschaft gratulieren, sich für andere zu opfern, und andeuten, das Ganze würde auseinanderfallen, wenn sie damit aufhörten. Wenn sie sich darüber ärgern und sich zurückziehen, hilft ihnen das vielleicht dabei, ein besseres Gespür für ihre eigene Macht und ihren Erfindungsreichtum zu bekommen. Nach unserer eigenen Erfahrung provozieren Konsultanten jedoch selten diese Art Reaktion, da sie auf verschiedene Weise signalisieren, daß dies eine spielerische Bemerkung ist (s.a. Kapitel 6). Dies ist für sich genommen eine Umdeutung und vergleichbar mit dem Einsatz von Humor bei Charles Hampden-Turner; beides versetzt Führungskräfte in die Lage, sich schmerzlichen Konflikten zu stellen (s. Kapitel 6).

Wir haben bereits einige Beispiele für Umdeutung gestörten Verhaltens gegeben, wobei wir sie als Mittel gewertet haben, störende Veränderungen zu kontrollieren und zu regulieren. Klagen über zu große Arbeitsbelastung, Anzeichen von Streßverhalten (Krankheit, Zuspätkommen), zu Übungssitzungen nicht erscheinen und wirres Verhalten bei scheinbar klaren Abläufen – all dies kann (unter entsprechenden Umständen) als Mittel umgedeutet werden, Veränderungen zu verlangsamen. Eine Bemerkung dieser Art ist an sich schon eine mögliche Intervention, da sie neue Reaktionen hervorrufen kann. Solch Verhalten kann auch infrage gestellt werden (wenn es durchschaut wird), indem man das Team fragt: Wenn es Ihnen wirklich ernst damit wäre, die

Veränderung zu verlangsamen, wie könnten Sie die Initiative des Management noch wirkungsvoller sabotieren?

Umdeutende Interventionen können Managern Einblicke in tiefere und komplexere Probleme verschaffen. Wenn einer von ihnen zum Beispiel feststellt, er kann nicht länger einen Untergebenen für das Mißlingen des Projekts verantwortlich machen, kommt er vielleicht zu dem Schluß, sich seinem Vorgesetzten stellen zu müssen, wenn er das Problem in seiner Komplexität anpacken will; dabei riskiert er, daß seine eigene Kompetenz und sein Durchblick bezüglich der Situation hinterfragt werden.

Verschreibende Interventionen

Mit einer verschreibenden Intervention schlägt man vor, irgendeine Art von Ritual solle ausgeführt werden. Dabei besteht die versteckte Absicht darin, diejenigen, die im Ritual gefangen sind, daran zu hindern, etwas anderes zu tun, oder sie auf neue Art und Weise miteinander in Berührung zu bringen.

* * *

Sarah (s. Kapitel 3) war in einen symmetrischen Machtkampf mit einem älteren Mitarbeiter, Robert, verwickelt, der an den Mitarbeitertreffen nicht teilnahm. Ein Mitglied der Konsultationsgruppe schlug Sarah folgendes vor:

> Machen Sie Robert zum Experten – er könnte die jungen Leute fragen, was sie vom Projekt erwarten. (Wie sich erwiesen hatte, stand Robert von allen Mitarbeitern den jungen Leuten am nächsten.)

> Geben Sie dem Gespräch mit Robert einen neuen Kontext, indem Sie versuchen, eine neutrale Zone zu betreten: Stellen Sie die Regel auf, daß Sie und er sich gegenseitig Fragen stellen können, aber keine *Forderungen*.

In der ersten Intervention wird Sarah vorgeschlagen, sich Robert auf andere Art zu nähern. In der zweiten werden spezifischere Vorschläge gemacht, wie die Treffen zwischen ihnen einen neuen Kontext erhalten können – d.h. die Treffen finden mit neuen Grundregeln statt. Werden sie akzeptiert, können beide Interventionen verhindern, daß sie ihre üblichen antagonistischen Beziehungsmuster aufnehmen, und schaffen vielleicht Raum, in dem etwas Neues zwischen ihnen geschehen kann.

Zwei Monate später hatte Sarah sich offensichtlich voran bewegt. Sie sagte, sie habe von den verschiedenen Interventionen nur behalten, daß sie Roberts Rolle klarstellen und eine gemeinsame Aufgabe mit ihm in Angriff nehmen sollte. Anscheinend hatte die Managerin aufgrund der Fragen, die Roberts Nähe zu den jungen Leuten aufgedeckt hatten, ein besseres Gefühl bezüglich seiner Arbeit und seiner Rolle. Bei der letzten Arbeitsplatzbeschreibung hatte Robert selbst entschieden, er würde besser ohne Verantwortung im Management zurechtkommen. Sarah sagte zum Schluß: „Robert ist für mich inzwischen viel weniger wichtig als andere; auf meiner Liste mit Problemen durch Angestellte steht er ziemlich weit unten."

Überzeugungen und Verhalten

Die Überzeugungen der Menschen und die Bedeutung, die Handlungen und Ereignisse für sie besitzen, formen ihre Verhaltensweisen; und ihre Verhaltensweisen formen ihre Überzeugungen. Es ist ein rekursiver Prozeß. Fragen können daher als Intervention wirken, wenn sie das Glaubenssystem eines Menschen klären oder verändern. Dies ist eine Art, die Situation zu verstehen, die wir gerade beschrieben haben. Robert, ein älterer Mitarbeiter in einem Projekt für junge Leute mit Lernschwierigkeiten, war selbst nicht sehr gebildet. Seine Vorgesetzte, die versuchte, Veränderungen im Projekt durchzusetzen, sprach normalerweise in abstrakten theoretischen Konzepten über Veränderung. Da Robert sich sehr mit den jungen Leuten identifizierte, schien er zu glauben, die Veränderungen würden nicht gut für sie sein; er weigerte sich daher, die Rolle, die das Management für ihn vorsah, zu spielen, um so die Veränderung zu verzögern.

Als Sarah jedoch aufgrund der neuen Perspektive, die sie durch die Konsultation gewonnen hatte, ihr Verhalten änderte und seine Nähe zu den jungen Menschen als Chance und Stärke anerkannte, konnte Robert nicht länger an seiner Überzeugung festhalten, jede Art von Management bedeute eine Gefahr. Dies befreite ihn, und er konnte seine eigene Rolle im Management aufgeben, für die er nicht geeignet war und in der er sein Bestes gegeben hatte, um die jungen Leute zu schützen, da er zu der Überzeugung gelangt war, ihre Wünsche würden durch ihn zu Gehör kommen.

In der Familientherapie zählen zu den verschreibenden Interventionen auch jene, bei denen der Klient aufgefordert wird, genau die Symptome hervorzubringen, über die er sich beklagt. Diese Strategie wird in Kapitel 6 besprochen.

Einschränkende Interventionen

Wir haben bereits Beispiele für einschränkende Interventionen gegeben. Weiter vorn in diesem Kapitel rieten die Konsultanten Howard,

> ... nicht zu versuchen, sich jetzt sofort zu ändern. Sie sagten, es würde ein zu großer Schock für ihn sein und ihn vielleicht deprimieren. Er sollte sehr vorsichtig sein, könnte aber vielleicht ausprobieren, im Laufe des nächsten halben Jahres einen unwichtigen Bereich seiner Arbeitslast aufzugeben.

Eine Form der einschränkenden Intervention empfiehlt Managern oder Arbeitsgruppen, das problematische Verhalten sehr sorgfältig zu beobachten, aber keinen Versuch zu unternehmen, es zu verändern. Ein Kollege, John BAZALGETTE, traf mit einer Gruppe von Lehrern einer weiterführenden Schule zusammen, die sich wegen der wachsenden Zahl von „Zuspätkommenden" Sorgen machten, mit denen sie sich jede Woche auseinandersetzen mußten. Die Gruppe wollte unbedingt wissen, was sie dagegen tun könnte. BAZALGETTE riet ihnen, zur Zeit noch keine neuen Maßnahmen zu ergreifen, sondern eine einfache Untersuchung über die tatsächlichen Vorkommnisse durchzuführen: Wer kam zu spät? Wie kamen diejenigen zur Schule? Gab es an bestimmten Tagen mehr Zuspätkommende? Gab es mehr Zuspätkommende in bestimmten Klassen, Jahrgängen, ethnischen Gruppen? Mit anderen Worten, konnten sie ein Muster bei diesem häufigeren Zuspätkommen feststellen, das vielleicht einen Hinweis darauf geben würde, welche Reaktion die Schule sinnvollerweise zeigen sollte?

Dies war sowohl eine einschränkende, wie auch eine verschreibende Intervention: Sie versuchte, die Lehrer davon abzuhalten, zusätzliche disziplinarische Maßnahmen zu ergreifen, die die Lage vielleicht nur noch schlimmer machen würden; und sie schlug eine Tätigkeit vor, die sie zu einem neuen Ansatz in der Auseinandersetzung mit dem Problem des Zuspätkommens führte. Sie regte auch an, Fragen zu stellen und zu hypothetisieren − forderte sie also auf, Konsultanten für sich selbst zu werden. Dieser Vorfall war Teil eines größeren Projektes, Schule als lernende Organisation zu entwickeln.

Die Tugend der Beschränkung hat eine lange Tradition. Im sechsten Jahrhundert vor Christus schrieb LAO TSU, ein älterer Zeitgenosse des Konfuzius:

> Wer kann ruhig abwarten, bis der aufgewühlte Schlamm gesunken?
>
> Wer kann ruhig bleiben, bis der Augenblick der Tat kommt?

Jünger des Tao suchen nicht die Erfüllung.

Da sie nicht nach Erfüllung suchen, läßt sie der Wunsch nach Veränderung nicht ins Schwanken geraten.

(Gia-Fu Feng & English, 1973)

Noch einmal: direkte Interventionen

Es gibt direkte Interventionen, die auch als umdeutend, verschreibend und einschränkend bezeichnet werden könnten. Rät man einem Team, das durch Konflikte gespalten ist, einen Ausflug für sich zu organisieren, beinhaltet dies ein Element der Umdeutung, denn man weist sie durch positive Einschätzung auf ihre eigene Fähigkeit zu konstruktiver Zusammenzuarbeit hin. (Es kann auch zu einem Reinfall werden, wenn Teammitglieder mehr Wert darauf legen, ihre eigenen Ansichten durchzusetzen, statt zu einer Übereinkunft zu gelangen.) Eine direkte verschreibende Intervention wäre es z.B., wenn man einem Team, das in destruktiver Weise miteinander wetteifert, rät, sich mit dem Vorsitz bei Konferenzen abzuwechseln; nichts Verborgenes ist hierbei beabsichtigt. Rät man einem Team, einen Konsultanten von außen hinzuzuziehen, könnte man dies als eine direkte einschränkende Intervention betrachten. Dies kann ein sicherer und legitimer Weg sein, das Tempo einer Veränderung zu verringern, damit die Menschen mehr Zeit haben, sich daran zu gewöhnen und sich damit zu identifizieren.

Jedoch kann keine Intervention als „direkt" oder „paradox" bezeichnet werden ohne Bezug auf die gegebenen Umstände. Rät man einem Team, das unfähig zu eigenen Entscheidungen ist, einen externen Konsultanten hinzuzuziehen, kann dies eine paradoxe Intervention sein, denn wie könnten sie entscheiden, ob sie den Rat annehmen sollen oder nicht? In unseren Workshops, in denen es hauptsächlich um Lernen geht und Konsultation ein Mittel zum Zweck ist, bitten wir die Teilnehmer manchmal, der Person mit dem Problem zwei mögliche Handlungsweisen vorzuschlagen, eine offensichtlich direkte und eine paradoxe. Dabei können sie üben, Interventionen in einen Rahmen zu stellen. Bei längerfristigen Konsultationen beginnen wir gern, indem wir direkte Vorschläge anbieten, und gehen dann zu komplizierteren Interventionen über, wenn (und falls) wir bemerken, daß wir es mit dynamischer Komplexität zu tun haben (s. Kapitel 2).

Es gibt noch viel über Intervention zu lernen. Vertreter der Familiensystemtherapie sind auf der Suche nach dem Konzipieren und den Anwendungsmöglichkeiten schon weiter fortgeschritten als Organisationskonsultanten. Wir versuchen daher vorsichtig, einige ihrer Verfahren auf Organisationen anzuwenden. Ihnen ist zum Beispiel die ambivalente Haltung von Familien gegenüber Veränderungen deutlich bewußt – wie diese einerseits die Notwendigkeit einer Veränderung zwar akzeptieren, sie jedoch andererseits auch fürchten und sich ihr widersetzen. Therapeuten, die in Teams arbeiten, haben dies Familien mit Hilfe von gesplitteten Interventionen wieder vorgespielt: „Die Männer im therapeutischen Team meinen ..., aber die Frauen sind anderer Meinung, sie glauben, ..." oder „einige von uns raten dazu ..., und der Rest von uns genau zum Gegenteil." Auf diese Weise kann man schwächere Elemente stärken, indem sie von einigen im Team unterstützt werden, wodurch man den Einzelnen wieder die Verantwortung für Entscheidungen übergibt.

* * *

Wir haben die Möglichkeiten gesplitteter Interventionen in unseren eigenen Kursen erkundet. In einem der letzten Kurse arbeitete einer von uns (NMcC) mit einem Teilnehmer zusammen daran, den Manager, den wir Timothy nennen wollen, zu beraten. Timothy beschrieb eine Situation, in der Konflikte zwischen einem schwarzen Arbeiter (B) und einem weißen Arbeiter in seinem Team letzteren dazu gebracht hatten zu kündigen. Er machte sich Sorgen, dies könnte sich wiederholen, und er wollte wissen, wie er dies verhindern könnte. Nachdem eine Weile lang Fragen gestellt worden waren, formulierten die Konsultanten folgende Hypothese:

> Dies Projekt hat äußerst hohe Ideale und bemüht sich sehr, Unterschiede in den Aufstiegschancen zwischen Schwarzen und Weißen zu eliminieren. Dennoch führt vielleicht gerade die Betonung dieser Sorge zur Unterdrückung der starken menschlichen Neigung, in solchen Unterschieden den Sündenbock zu sehen. (Nach unserem Eindruck war auch Timothys Absicht, „sich bei den abschließenden Interviews auf B zu konzentrieren", ein Anzeichen dafür, dem Unterschied die Schuld in die Schuhe zu schieben.) Angesichts dieser paradoxen Lage finden wir es schwer, uns auf eine Intervention zu einigen.

Die Konsultanten konfrontierten Timothy mit diesem Paradoxon, indem sie zwei Interventionen machten. Einer schrieb:

> Einer von uns meint, Sie sollten sich weiter Sorgen machen, denn wir glauben an unsere Aussage in der Hypothese, daß man Haß

und Furcht bei Unterschieden nicht aus der menschlichen Veranlagung löschen kann. In diesem Bereich müssen Sie dem gesamtem Projekt Ihre Führungseigenschaften anbieten.

Der andere schrieb:

> Sie sollten aufhören, sich über die Zukunft des Projekts Sorgen zu machen; denn wie Sie selbst erklärt haben, gibt es keine ernsthaften Gründe zu erwarten, Mitarbeiter B würde den nächsten Mitarbeiter veranlassen zu gehen oder er würde weiterhin Zwiespalt und Feindseligkeit zwischen den jetzigen Kollegen verursachen. Je mehr Sorgen Sie sich machen, desto mehr schaffen Sie Zweifel in den Köpfen der anderen über B.

* * *

Die erfolgreichsten Interventionen, so sagt PAPP (1981, S. 246), beruhen auf einer genauen Würdigung der Beziehung zwischen Symptom und System (oder einem genialen Geistesblitz darüber) und auf der Art und Weise, wie sie sich gegenseitig aktivieren – mit anderen Worten, auf Gespür von Therapeut oder Konsultant fürs Hypothetisieren.

Wir schließen dieses Kapitel mit zwei Beispielen aus der Konsultationspraxis in unseren Workshops ab, die zu Interventionen führen und unterschiedliche Fragen aus der Praxis betonen.

Nach einem Ansatzpunkt suchen

Organisationen, wie auch Einzelpersonen, verschlimmern ihre Schwierigkeiten, wenn sie sich damit begnügen, die Symptome eines Problems in Angriff zu nehmen und nicht das, was eigentlich dahinter steht. (Wir diskutieren die Dynamik der symptomatischen Lösung, wie Peter SENGE sie versteht, noch genauer in Kapitel 6.) Es ist verlockend, sich für symptomatische Lösungen zu entscheiden, da sie im allgemeinen schneller, billiger und weniger störend sind als die grundlegenderen Lösungen (sie spiegeln den Wunsch nach Änderung ohne Chaos wider). Paulas Situation, die wir in Kapitel 3 untersuchten, verdeutlicht dieses Muster.

Paula beschrieb ihre Situation in folgender Weise:

> Das Projekt, für das ich vor kurzem angestellt wurde, steht genau in der Mitte seiner zehnjährigen Laufzeit. Man muß jetzt die Bereitstellung der Mittel für die nächsten fünf Jahre untersuchen. Die Mitar-

beiter stehen sich in zwei Gruppen feindselig gegenüber: auf der einen Seite die Manager (die in der vordersten Front mit der Aufsicht Beauftragten) und auf der anderen Seite die Angestellten. Das Projekt ist ein stationäres Heim für geistig und körperlich behinderte junge Menschen. Es besteht ein Plan, der noch nicht umgesetzt worden ist, Eltern viel stärker ins Heim einzubinden, damit sie den Mitarbeitern bei der Pflege der Kinder helfen können.

Eine vorgeschlagene Hypothese kann als Vermutung interpretiert werden, der Konflikt könne eine positive Funktion haben:

> Zur Zeit schaukelt sich die Unzufriedenheit miteinander unter den beiden Gruppen des Projekt hoch, da bei allen Angestellten durch die Ernennung einer neuen Projektleiterin, die nicht utopistisch denkt, Ängste wachgerufen wurden und dies hat zu größerer Geschäftigkeit unter den Gewerkschaftlern geführt. Man hat den Wunsch, schmerzliche Veränderungen zu vermeiden und bezichtigt daher die Manager der Inkompetenz, die ihrerseits den Angestellten Eigeninteresse vorwerfen. Dadurch ist alle Energie des Projekts auf die Belegschaft gerichtet und nicht darauf, das Ziel neu zu definieren, wodurch es möglicherweise zu einem vorzeitigen Ende des Projekts kommen könnte.

Die gegenseitigen Beschuldigungen von Managern und Angestellten können als ein Mechanismus verstanden werden, den die gesamte Gruppe entwickelt hat, um in dieser Situation die Ängste erträglich zu machen. Statt sich um eine wenig versprechende Chefin und eine unbekannte Zukunft Sorgen zu machen, können sie sich in das vertraute Spiel „die und wir" vertiefen. Wie alle symptomatischen Lösungen (Alkohol, Überarbeitung, Beruhigungsmittel) führt dies dann letztlich zu einem vorzeitigen Ende, bewahrt aber kurzfristig den Status quo, ganz gleich wie unbequem. (Interessanterweise ist die Hypothese so, wie sie da steht, zweideutig: Sie könnte auch bedeuten, daß eine Neudefinition ihrer Ziele vielleicht zu einem frühen Ende führt. Das ist es vielleicht, was einige Leute befürchten.)

Zwei vorgeschlagene Interventionen sind von besonderem Interesse. Die erste lautet:

> Laden Sie jemanden mit fundiertem Wissen ein, der für die Angestellten einen Vortrag hält über Entwicklung von Karrieren und Möglichkeiten, die landesweit für Leute mit Erfahrung in der Pflege von mehrfach behinderten jungen Menschen offenstehen.

Dahinter stand die Absicht, Ängste unter den Mitarbeitern über mögliche Entlassungen abzubauen und die Manager zu einem Verhalten anzuleiten, durch das sie ihre Verantwortlichkeit gegenüber den Bedürfnissen der Angestellten zum Ausdruck brachten. Es wird also eine grundlegende Frage bezüglich des Rahmens jeder Intervention thematisiert: Wo setzen wir bei diesem heillosen Durcheinander an, um das System auf einen neuen Kurs zu leiten? Würden wir den Managern und Angestellten sagen, sie sollten aufhören, sich gegenseitig schlecht zu machen, würde das vermutlich keine Wirkung haben. Die beschriebene Intervention ist vielversprechender, da sie die Angst anspricht, die – so die Hypothese – hinter dem gegenwärtigen selbstzerstörerischen Konflikt steht.

Die zweite vorgeschlagene Intervention lautet:

> Schaffen Sie eine Arbeitsgruppe aus den beiden miteinander in Konflikt stehenden Parteien, die für alle Beteiligten einen Tag des „Rückzugs" zu Diskussion und Bestandsaufnahme planen sollen. Erlauben Sie der Gruppe der Angestellten, ihre eigenen Vertreter zu wählen.

Wie die erste Intervention sieht auch diese recht unschuldig aus. Sie entspricht aber der Aufforderung „Nimm` dein Bett und wandle", da sie zwei Gruppen, die nicht kooperieren können, auffordert zu kooperieren. Sie muß also vielleicht mißlingen. Da aber andererseits die beiden Gruppen in einem neuen Kontext zusammentreffen werden, da die Angestellten ihre eigenen Vertreter wählen können und da dieser Rückzug verspricht, Managern und Angestellten die Veränderungen, die sie am meisten fürchten, in die eigenen Hände zu legen, könnte hier vielleicht die Geschichte der Organisation auf einem anderen Kurs neu beginnen. (Wir kennen das Ende dieser bestimmten Geschichte nicht, aber wie wir schon gesagt haben, versetzte die Konsultation Paula in die Lage, voranzukommen: Am Ende der Konsultation hatte sie ihr Vertrauen wiedergewonnen und wußte, was sie als nächstes machen wollte.)

Den Klagenden mit einbeziehen

Immer wenn eine Situation untersucht wird, die ein Manager oder ein anderer „Klagender" vorstellt, sollte man diese auffordern, „darüber zu kreisen wie in einem Hubschrauber" und über die Rolle nachzudenken, die sie selbst im zirkulären Interaktionsmuster spielen. Daher ist die Methode der Konsultation durch eine Peergruppe potentiell so nützlich, denn sie hilft Managern, sich in die Position der Beobachter zu begeben.

* * *

Simon war Projektleiter in einer freiwilligen Organisation. Er drückte sein Problem in folgender Weise aus:

> Wie schließe ich die offensichtliche ideologische Kluft zwischen meinem Management-Komitee und dem Angestelltenteam, das ich leite, damit Angestellte und Arbeit effektiver durch das Komitee unterstützt werden?

Die Angestellten meinten, das Komitee sei patriarchalisch und hätte die Einstellung, „die Krümel, die vom Tisch der Reichen fallen, sind gut genug für die Armen". Sie glaubten auch, das Komitee sei implizit rassistisch und sexistisch: es verstand nicht die Philosophie, die der Arbeit des Teams zugrundelag, und hätte sich auch nicht aktiv genug die antirassistische und anti-sexistische Strategie des Teams zu eigen gemacht.

Drei Monate nach der Konsultation sagte Simon dazu:

> Es sind damals viele Hypothesen aufgestellt worden. Ich habe sie durchgearbeitet und eine Hypothese übernommen, die sich – obwohl die Kluft zwischen Team und Komitee nicht meine Schuld war – für mich in meiner Managerfunktion als nützlich erwies; denn da ich zwischen Komitee und Angestellten als Vermittler und „Dolmetscher" auftrat, befand ich mich in einer Position der Macht und des Einflusses auf diesem Gebiet.

> Die Kluft war nicht so tief, wie es nach meiner Beschreibung vielleicht ausgesehen haben mag. Das Hauptproblem war, wie ich eine offene Diskussion und Infragestellung verhinderte. Die befürchteten Konsequenzen in Bezug auf die Herausforderung des Teams an das Komitee und auf meine Rolle für die zukünftige Finanzierung der Abteilung erwiesen sich als übertrieben.

Simon veranstaltete nun einen Team-Tag mit einem außenstehenden Konsultanten, um Fragen in Bezug auf Rassismus und Geschlechterrollen zu untersuchen. Das war nützlich und konstruktiv, und er plante weitere solcher Tage mit demselben Konsultanten, um über Fragen spezieller Praktiken und Strategien zu sprechen. Er sagte, die anfänglichen Konsultationen hätten ihm geholfen zu erkennen, daß er Teil der von ihm beschriebenen Situation war. Er schien jetzt seine Überzeugungen geändert zu haben und handelte nach der neuen Überzeugung, er und seine Team-Kollegen seien selbst implizit sexistisch und rassistisch. Er behandelte dies offen, indem er die Team-Tage organisierte. Wahrscheinlich waren er und seine Kollegen auch weniger mit den angenommenen Vorurteilen der Komiteemitglieder beschäftigt und daher auch weniger geneigt, bei den Verhandlungen mit ihnen eine moralisch überlegene Haltung einzunehmen.

Vielleicht war dies ein erster Schritt dazu, das eigene Haus in Ordnung zu bringen. Wenn es jedoch nur so weit ging und nicht weiter, könnte sein Programm mit den Team-Tagen und den Anschlußtagen auch ein Mittel werden, um Konfrontationen mit dem Komitee aus dem Weg zu gehen, möglicherweise um es vor den radikalen Ansichten seines Teams zu schützen. Wir lösen den Stock aus dem Schilf, und er wird vom Fluß mitgerissen, bis er weiter unten wieder im Schilf steckenbleibt. Systemische Konsultationen bieten keine Erlösung von Schwierigkeiten, aber von Wiederholungen.

Kapitel 6
Theoretisches Postskriptum

> Jetzt wird's richtig schwer!!!
>
> Gareth MORGAN, 1993; Ausspruch einer Figur im Cartoon
> vor MORGANS theoretischem Anhang

In diesem abschließenden Kapitel vertiefen wir eine Reihe von Themen, die wir auf den vorangegangenen Seiten berührt haben. Wir schließen sie hier entweder mit ein, um sie in größerem Umfang zu untersuchen oder um von Ideen zu berichten, auf die wir erst vor kurzem aufmerksam wurden, oder um zu klären, wie wir die Beziehung zwischen dem beurteilen, was in diesem Buch und in anderen theoretischen Schriften gesagt wird. Es handelt sich eigentlich um fünf Minikapitel oder erweiterte Fußnoten, die enger mit den vorangegangenen Kapiteln in Beziehung stehen als untereinander.

Identität und Änderung der Organisation

Wir haben gesagt, daß Organisationen ihren Mitgliedern eine Identität übertragen und diese sich, soweit sie sich mit einer solchen Identität verbunden fühlen, gegen Änderungen der Organisation wehren, von denen sie sich bedroht fühlen. Unsere Versuche, Veränderungen in Organisationen zu bewirken, müssen ineffektiv bleiben, solange wir nicht eine gewisse Kenntnis dessen erwerben, was Peter MARRIS (1974) den „konservativen Impuls" nennt (mit einem kleinen „k"); demzufolge klammern Männer und Frauen sich eher an ineffektive und unbefriedigende Strukturen und Prozeduren, statt neue zu akzeptieren und durchzuführen. MARRIS schreibt:

> Der Wille, sich an Veränderung anzupassen, muß einen Impuls, das Vergangene wieder herzustellen, überwinden, der ebenso universell ist. Was aus einer Witwe wird, einer vertriebenen Familie, einer neuen Organisation oder einer neuen Art von Geschäft, hängt davon ab, worauf diese miteinander konkurrierenden Impulse letztlich hinauslaufen, und zwar in jeder einzelnen Person und ihren Beziehungen. (S.5)

Es gibt eine umfangreiche Literatur, die dieses Thema untersucht und auf einer Reihe von Konzepten beruht. MARRIS spricht über den „Bedeutungskontext", den uns unser Netz von sozialen Beziehungen bereitstellt und der

> ... sich von frühester Kindheit an entwickelt und so strukturiert und integriert wird, daß er nach einer Weile nicht mehr grundlegend verändert werden kann, ohne Angst vor psychologischem Zerfall hervorzurufen. (S.17)

Autoren der Tavistock-Schule (z.B. MENZIES-LYTH, 1959; RICE, 1965), sprechen davon, wie

> ... der Einzelne soziale Systeme braucht und nutzt – als ein Mittel, die eigene Identität zu bewahren und sich gegen unerträgliche innere Konflikte zu schützen. (E.J. MILLER, 1976)

Individuum und Person

Was ist diese Identität, die wir so heftig verteidigen? WILDEN (1972) und SMITH und BERG (1987) behaupten, das Konzept der Identität sei in sich paradox; WILDEN stellt die Frage: „Identisch womit und mit wem, wofür und für wen?" (S. 260). Derjenige, der fürchtet, seine Identität zu verlieren, ist von diesem Standpunkt aus gesehen zutiefst verwirrt: denn wer ist derjenige, der fürchtet?

Bei der Klärung der Frage nach Identität ist es zunächst sinnvoll, gemäß den linearen und rekursiven Sichtweisen von Kausalität zwischen zwei Denkweisen über menschliche Wesen zu unterscheiden. Wir benutzen eine Unterscheidung, die von einem unserer früheren Kollegen vom Grubb-Institut eingeführt wurde und bezeichnen diese Auffassungen vom Menschen einmal als *Individuum* und einmal als *Person*.

Als ein *Individuum* ist das menschliche Wesen eine biologische, durch Haut zusammengehaltene Einheit, die getrennt ist von anderen menschlichen Wesen und Kollektiven wie Organisationen. Jeder Mensch ist eine Insel, in sich selbst ein Ganzes. Von diesem Standpunkt aus gesehen, treten Menschen Organisationen bei und verlassen sie in derselben Weise, wie Schachfiguren auf ein Brett gestellt und wieder entfernt werden, wenn sie besiegt sind: Schachbrett und Figuren bleiben bei diesem Wechsel unverändert. Diese Denkweise ist durchaus angemessen für einige Zwecke, schafft aber Probleme, wenn sie zu der Ansicht führt, Menschen seien auch psychologisch genauso getrennt wie biologisch.

Menschen werden zu *Personen* durch ein Netzwerk von Beziehungen und Transaktionen, von denen sie ein Teil sind. Es gibt eine umfangreiche Literatur, die unter Benutzung verschiedener Metaphern zu charakterisieren versucht, wie eine Person durch ihre rekursiven Interaktionen mit anderen Personen definiert wird (siehe z.B. BATESON, 1972, S.448 ff; ZOHAR, 1990, S. 107 ff). Es ist die herrschende Sichtweise im Alten Testament, in dem Abigail zu David sagt: „Wir sind im Bund des Lebens zusammengeschlossen." Es ist John DONNES Sichtweise, wenn er sagt: „Und darum schicke niemanden, um zu erfahren, für wen die Stunde schlägt; sie schlägt für dich."

Wir könnten sagen, als Personen inkorporieren wir all unsere bedeutsamen Beziehungen. Und wenn wir die Sprache etwas freizügig benutzen, könnten wir ebenso sagen, als Personen sind wir in all diesen Beziehungen „exkorporiert". In jedem Fall kristallisiert sich aus unserer Erfahrung in diesen Beziehungen ein Gefühl des „Ich", das seine eigene Existenz zu haben scheint, mit dem wir uns identifizieren und das wir vor Veränderung schützen.

Das ist aber nicht das Ende der Geschichte. Verschiedene mögliche Erfahrungen, einschließlich der Praxis spiritueller Disziplinen oder der Psychotherapie, können uns zu dem Schluß führen, dieses „Ich", das so fest und wichtig zu sein scheint, sei eine Konstruktion von Denken und Sprache; um es mit KEENEY zu sagen, es ist kein Trugbild, aber es ist nicht real. Dies kann durch Lernerlebnisse deutlich werden, im alltäglichen Leben oder in besonders konstruierten Lernsituationen, wenn wir erfahren, daß wir nicht nur gelernt haben, etwas anders zu machen, sondern auch etwas anderes geworden sind.

Implikationen

Diese Sichtweise von Persönlichkeit hat mehrere Implikationen für Veränderungen in Organisationen:

1. Manager neigen dazu, ihre Probleme vom Standpunkt des Individuums aus zu definieren. Sie erklären ihre Schwierigkeiten in linearen Ausdrücken, und die Erklärungen enthalten nicht ihre eigene Beteiligung am Problem oder die unausgesprochenen Wünsche, durch die die jeweiligen Umstände für sie zu einem Problem werden. So haben sie im allgemeinen keine Schwierigkeiten mit Ratschlägen in der Konsultation, die ihr Problem als etwas von ihnen Getrenntes behandeln. Sie fühlen sich aber weniger wohl, wenn Konsultanten nicht nur auf das sehen, was sie ihnen zeigen, sondern auch auf die Person, die zeigt. An diesem Punkt ist der Problem-Besitzer als Person angesprochen, und jede Veränderung, die geschieht, verlangt Veränderungen beim/im Problem-Besitzer.

2. Auch die Umkehrung dessen ist von Bedeutung. Wenn eine Person sich durch ihr Netzwerk von Beziehungen definiert, kann sie sich nicht ändern ohne Veränderungen der anderen im Netzwerk. Zu Beginn unserer Workshops haben wir manchmal eine Übung von David CAMPBELL und seinen Kollegen (CAMPBELL, DRAPER & HUFFINGTON, 1991a, S.46) unseren Zwecken angepaßt, indem wir Leute aufforderten, sich zu überlegen, wer in ihrer Organisation oder anderswo sich ändern müßte, wenn sie aufgrund des Kurses ihr eigenes Handeln ändern würden.

3. Daraus folgt auch, daß diejenigen, die solch einen Reorganisationsprozeß in Gang setzen, gut daran tun zu bedenken, in welcher Form sie in mehr oder weniger großem Ausmaß die *Welten* oder Bedeutungskontexte bei denen umkonstruieren, die neu organisiert werden. MARRIS und andere weisen darauf hin, wie die Anpassung an solche radikalen Änderungen Trauer mit sich bringen muß, ebenso wie auch Trauer dazu gehört, wenn man sich mit dem Tod eines geliebten Menschen abfinden soll.

4. Mehrere Autoren, besonders Alice MILLER (1983) und Robin SKYNNER (1989), haben dieser Geschichte noch eine weitere Handlungsfolge angefügt. Sie begründen, weshalb Individuen nicht nur ihre Identität durch die Assoziationen konstruieren, denen sie sich anschließen, sondern Organisationen und Arbeitsbereiche wählen, die ihnen einen Kontext bieten, in dem sie weiterhin Konflikte ihrer eigenen Psyche austragen können. Dies mag zur Entwicklung des Individuums und der Organisation beitragen oder nicht. Auf der einen Seite kann das Individuum die Erfahrungen seiner Arbeit (be-)nutzen, um sich aus einer Sackgasse, in der es sich seit der Kindheit befunden hat, zu befreien und voranzukommen; auf der anderen Seite identifiziert es sich vielleicht so stark mit dieser aussichtslosen Situation, die seine Art ist, es selbst zu sein, daß es sich Erlebnissen widersetzt, die es zum Lernen und zur Veränderung bringen könnten.

5. Uns hat die Arbeit von William TORBERT beeindruckt und sein Begriff der transformativen Führerschaft (TORBERT,1991; TORBERT & FISHER, 1992). TORBERT behauptet, dysfunktionale und ungerechte Organisationen könnten nur von Männern und Frauen transformiert werden, die zu einem reflexiven Lernprozeß fähig und von ihm überzeugt sind, bei dem „auch die für selbstverständlich gehaltenen Ziele, Prinzipien und Paradigmen – das ganze Empfinden des eigenen Lebensprojekts – intuitiv neu erfaßt werden können" (TORBERT &

FISHER, 1992, S. 195). Wie dieses Zitat vielleicht zeigt, beinhaltet ein solcher Lernbegriff etwas Radikaleres, als die Störungen des eigenen Identitätsgefühls zu akzeptieren, wenn persönliche Konflikte gelöst oder Veränderungen in einer Organisation durchlebt werden. Der Haken ist der, daß nach der Gruppe von Managern zu urteilen, die TORBERT untersucht hat, nur wenige Menschen das Leben mit dieser Art Nicht-Gebundenheit an grundlegende Unterscheidungen angehen, mit Hilfe derer sie sich selbst definieren.

Paradox

Die Mailänder Gruppe der Familientherapeuten (SELVINI-PALAZZOLI et al., 1978) entwarf als erste die Strategie, paradoxe Interventionen als Lösung für das Schuld-Problem bei Familien zu geben, die ein „problematisches" Familienmitglied vorstellen. Das problematische Mitglied könnte z.B. ein Kind sein, das die Schule nicht besuchen will, oder ein Partner, der nicht akzeptable sexuelle Forderungen stellt. Solange Familienmitglieder nicht aufhören, einem von ihnen oder sich gegenseitig die Schuld für Schwierigkeiten in der Familie zu geben, sind sie fest im Griff ihrer Vorstellung von linearer Verursachung, wodurch Anerkennung rekursiver Prozesse innerhalb der Familie von vornherein ausgeschlossen wird. Wenn zudem noch die Therapeuten diese Erklärung für die Schwierigkeiten akzeptieren, werden sie, ohne es zu wollen, Teil des Problems statt Teil der Lösung, da sie die Sitte der Schuldzuweisung billigen.

Die Gruppe entwickelte die Strategie, dem störenden Verhalten (Weigerung zur Schule zu gehen, nicht akzeptable Forderungen stellen) und den Reaktionen der Familie darauf eine positive Konnotation zuzuschreiben. Sie äußerten sich positiv über das symptomatische Verhalten, das eine wohlwollende Funktion in ihrem Zusammenleben habe, und sie warnten die Familie vor dem Versuch, es zu unterdrücken. Auf diese Weise lösten sie sich aus dem Zyklus der Schuldzuweisung und stifteten so in der Familie Verwirrung mit therapeutischem Effekt. Diese Art Intervention wird paradoxe Aufforderung/Verschreibung genannt.

Wir gaben in Kapitel 5 ein Beispiel für eine solche Verschreibung. Wir beschrieben, wie ein Manager, Howard, sich selbst beschuldigte, er habe sich zu viel Arbeit aufgebürdet. Die Konsultanten gingen nicht auf die Aufforderung ein, bei Howards innerer Auseinandersetzung Partei zu ergreifen, sondern bestätigten sein gegenwärtiges Verhalten als die für ihn zur Zeit beste Entscheidung.

Was ist also gemeint, wenn man sagt, solche Interventionen seien paradox? Es gibt mehrere faszinierende Erläuterungen zum Begriff des Paradoxen, wobei die von WATZLAWICK und seinen Mitarbeitern die lesbarste Version darstellt (WATZLAWICK, BAVELAS & JACKSON, 1967) (vgl. WILDEN, 1972; BATESON, 1972 (die „Doppelbindung"); SELVINI-PALAZZOLI et al., 1978; SMITH & BERG, 1987). Nach unserer Erfahrung sind philosophische Erklärungen des Paradoxon nicht aufschlußreich, ebensowenig wie Erklärungen zu einem Witz (vermutlich aus ähnlichen Gründen): Die Kluft zwischen Erfahrung und Definition ist zu groß. Es reicht hier vielleicht zu sagen, daß es uns in der systemischen Praxis nicht um die Paradoxien geht, mit denen Philosophen sich beschäftigt haben, sondern um die sogenannten „existentiellen Paradoxien"; d.h. um solche, mit denen man lebt und über die man nicht einfach nur nachdenkt. Wir erleben eine existentielle Paradoxie als „einen Befehl, dem man weder nicht gehorchen noch nicht nicht gehorchen kann" (WILDEN, S.104). Wenn Howard also die Verschreibung des Teams akzeptiert, sitzt er in der Klemme. Wenn er aber etwas zu ändern versucht, weist er den Rat der Konsultanten zurück, an die er sich um Hilfe gewendet hat.

Natürlich gibt es Auswege aus dieser Klemme. Er kann herzlich darüber lachen, was wie die Furcht vor dem Allmächtigen manchmal der Anfang der Weisheit ist. Er durchschaut den ganzen Wirrwarr, in dem er sich verheddert hat, und befreit sich daraus. Oder er kann seinen Helfern trotzen, was er, wie erwähnt, tatsächlich machte; und in diesem Fall läßt er ab von seiner Klage und „kommt voran". Im Rahmen unseres Workshops war dieser Schritt vermutlich nicht schwer. Die Macht einer Paradoxie, sei sie positiv oder negativ, ist proportional zur Abhängigkeit des Problem-Besitzers von demjenigen, der die Anweisungen gibt. Darum sind kleine Kinder durch paradoxe Kommunikation der Eltern so verletzbar, denn vermutlich ist es undenkbar, deren Befehle zu mißachten.

Das Wesentliche einer paradoxen Anweisung liegt darin, daß man ihr weder gehorchen noch nicht gehorchen kann; oder, um es etwas subtiler auszudrücken, ihr gehorchen bedeutet, ihr nicht gehorchen, und ihr nicht gehorchen bedeutet, ihr gehorchen. Zum Beispiel gehen wir einen Flur entlang und kommen zu einem Schild, auf dem steht: „Für autorisierte Personen verboten". Wenn wir annehmen, wir seien nicht autorisiert, erlaubt uns dieses Schild weiterzugehen. Wenn wir aber autorisiert sind, verbietet uns dieses Schild doch den Durchgang. Also sind wir nicht-autorisierte Personen, die weitergehen dürfen ... . Auch hier würden die Leser dieses Buches vermutlich nicht ewig zögernd vor dem Schild stehen; sie würden herzlich lachen oder es als Unsinn abtun. Sie würden aus dem Rahmen dieses Befehls heraustreten. Wenn sie aber Gefangene in dem Gebäude wären, denen von den Wärtern gesagt worden war, sie würden exekutiert werden, wenn sie irgendeinem Befehl nicht gehorchten, hätten sie vielleicht das Gefühl, in einer unhaltbaren Lage zu sein.

Offensichtlich haben einfache Anweisungen wie „Sei fröhlich!" oder „Schlaf` ein!" dieselbe Struktur; sie sind Variationen der „Sei spontan!"-Paradoxie; man ist ungehorsam, wenn man gehorcht, und gehorcht, wenn man ungehorsam ist.

WATZLAWICK und seine Kollegen (1967, S.211) geben in Anlehnung an BATESON ein Beispiel für eine paradoxe mütterliche Äußerung aus einer Sammlung jüdischer Witze, die es wert ist, hier wiederholt zu werden:

> Schenken Sie Ihrem Sohn Marvin zwei Sporthemden: wenn er zum erstenmal eines der beiden trägt, blicken Sie ihn traurig an und sagen Sie: „Das andere gefällt dir nicht? (GREENBURG, 1964, S.16)

WATZLAWICK und seine Kollegen sagen (S.195), die wesentlichen Zutaten einer paradoxen Situation seien:

1. eine starke komplementäre Beziehung (Eltern und Kind, Chef und Angestellter, Wärter und Gefangener [oder Konsultant und Klient?];

2. im Rahmen dieser Beziehung ergeht eine Aufforderung, der man nicht gehorchen und nicht nicht gehorchen kann;

3. Bedingungen, die denjenigen, der unter dieser Aufforderung/diesem Handlungsgebot steht, zurückhalten oder daran hindern, aus dem Rahmen zu treten und so die Paradoxie aufzulösen.

Man begibt sich außerhalb des Rahmens einer Paradoxie, indem man sich dazu äußert (verbal oder nicht-verbal), statt zu versuchen, ihr zu gehorchen. Howard hat vermutlich zu sich selbst gesagt: „Diese verd...! Das ist eine paradoxe Aufforderung."

Die Geschichte von Marvin und seinen Hemden veranschaulicht die Tatsache, daß paradoxe Kommunikation nicht notwendigerweise hilfreich oder befreiend ist (obwohl sie das in diesem Fall sein könnte: Leser möchten vielleicht mit der Geschichte fortfahren und beschreiben, wie Marvin schließlich durch diesen Vorfall von der Dominanz seiner Mutter befreit wurde). Wie kann dann paradoxe Kommunikation einen Klienten oder ein Klientensystem befreien, so daß sie Fortschritte machen können? WATZLAWICK sagt, eine Intervention dieser Art müsse über den normalen Rat des gesunden Menschenverstandes hinausgehen, der davon ausgeht, jeder habe sein Verhalten unter Kontrolle und könne wählen, ob er den Rat annimmt oder nicht. Im Fall einer paradoxen Intervention ist Wahl eine Illusion:

> Ein Symptom ist eine spontane Verhaltensform, so spontan, daß selbst der Patient es als etwas Unbeherrschbares empfindet. (WATZLAWICK et al., S.237)

Wenn also der Klient angewiesen wird, das *Symptom hervorzubringen*, ist das eine Aufforderung zu spontanem Verhalten, was in diesem Fall zeigen würde, ob er gehorcht oder nicht. Wenn er sich weigert, das Symptom hervorzubringen, hat die gewünschte Veränderung stattgefunden. Wenn er das Symptom auf Befehl hervorbringt, hat er gelernt, daß er es unter Kontrolle hat. Es gibt also kein Entrinnen vor einer positiven Gegenparadoxie, vorausgesetzt, WATZLAWICKs drei Bedingungen werden erfüllt. Außerdem kann es, obwohl es oberflächlich gesehen ein behavioristischer Ansatz ist, zur Veränderung der Überzeugungen führen, einschließlich der Überzeugung, eine Veränderung sei möglich.

Wie wir andeuteten, haben wir mit Interventionen dieser Art in unseren Workshops und unserer Arbeit experimentiert. Und wie wir ebenfalls angedeutet haben, unterscheidet sich die Arbeitsbeziehung zwischen Konsultant und Klient in einer wesentlichen Hinsicht von der bei BATESON und WATZLAWICK beschriebenen. Konsultanten befinden sich im allgemeinen nicht in der Position, ihren Klienten Anweisungen zu geben; sie könnten sich sogar bei bezahlten Beratertätigkeiten vielmehr darüber im klaren sein, daß es ihre Klienten sind, die sich in der Position befinden, *ihnen* Anweisungen zu geben. Es gibt Variationen zu diesem Thema: Nach unserer Erfahrung stellen interne Konsultanten manchmal fest, daß ihr Rat den Status einer Anweisung erhält, wenn man sie als dem höheren Management der Organisation nahestehend einordnet; aber dann sind sie vielleicht mehr daran interessiert, sich mit Hilfe des Paradoxon aus dieser Position herauszuwinden, als von ihr zu profitieren. Ganz sicher bemühen wir uns bei unserer Arbeit und in den Workshops darum, mit unseren Klienten eine kollegiale Beziehung zu entwickeln und keine Beziehung mit Abhängigkeiten und hierarchischer Autorität.

Wie nützlich ist also der Begriff der paradoxen Intervention für die Konsultationsarbeit bei Organisationen? Wir sind noch dabei, diese Frage zu untersuchen, wozu wir auch wieder durch das Schreiben dieses Buches gezwungen wurden. Gegenwärtig sehen wir es in folgender Weise:

1. Wir haben das Ziel, daß jeder in seiner Position als Klient die rekursive Logik der Situationen, in die er verstrickt ist, versteht und daß der Klient irgendwann mit anderen, die in dasselbe Problem verstrickt sind, zusammenarbeitet, um ähnliche Einsichten zu gewinnen. So weit sie in der Lage sind, auf diese Weise mit systemischen Hypothesen zu arbeiten, können sie auch über mögliche Handlungsweisen und deren Auswirkung auf die Phänomene, die sie für dysfunktional halten, nachdenken. Einige dieser Optionen erweisen sich vielleicht nicht als solche, die der gesunde Menschenverstand vorgeschlagen hätte, und könnten so gesehen als paradox bezeichnet werden. Sie werden aber von den Klienten nicht als existentielle Paradoxien erlebt.

2. Es ist eine Sache, Hypothesen zu formulieren, und eine andere, diese in Handlung umzusetzen. Wir sind vielleicht in der Lage, vielversprechende Optionen aus einer Hypothese abzuleiten, aber oft sprudeln die wirkungsvollsten Interventionen aus dem Unbewußten hervor und besitzen eine schrullige Verspieltheit, die wir nicht durch die Anwendung einer Formel erzielen können. Unsere Arbeit an einem Problem mit Hilfe von Fragen und Hypothetisieren führt uns nämlich dessen systemische Kompliziertheit vor Augen, die niemals vollständig in unseren Hypothesen zum Ausdruck kommt. Daher ist es für das Unbewußte nützlich, Modelle paradoxer Interventionen bereit zu haben, wie die in diesem Buch besprochenen. Daran hat das Unbewußte dann etwas zu kauen und ist somit besser ausgestattet, Interventionen zu erfinden, wenn es notwendig wird.

3. Für Konsultant und Klient ist es möglich, sich so zu verhalten, als befände man sich in einer hierarchischen Beziehung, und gleichzeitig Signale auszusenden, die beiden das Spielerische dieses Verhaltens anzeigen. Wenn wir z.B. ein Videoband von der Konsultation mit Howard hätten (Kapitel 5), würden uns wahrscheinlich Gesten, Gesichtsausdrücke und Stimmgebungen auffallen, die anzeigen, daß die Konsultanten nur Spaß machten – wenn auch auf ernsthafte Weise –, als sie ihm rieten, im Moment noch keine Veränderung auszuprobieren, und daß er dies auch erkannte. In der Konsultation mit Hugh (Kapitel 4) findet man das spielerische Element im Text:

H: ... Ich scheine von Situationen äußerster Schwierigkeit angezogen zu werden.

K2: Waren Sie jemals bei den Fallschirmspringern?

K1: Wenn wir jetzt mit Interventionen weitermachen würden, könnten wir Ihnen gratulieren ...

H: ... Weil ich wieder dasselbe mache. Ja.

K1: Sie haben die Arbeit gefunden, die Ihnen wirklich gefällt!

Unbewußte Prozesse im Leben von Organisationen

Wir sind zum systemischen Denken gekommen, nachdem wir vorher Erfahrungen in der Arbeit mit Gruppen und Organisationen unter Anwendung psychoanalytischer Begriffe gemacht haben, die auf der Prämisse eines dynamischen Unbewußten beruhen. Dieser Ansatz erklärt scheinbar irrationales Verhalten in Gruppen und Organisationen als Manifestation unbewußter emotionaler Triebe, die rationale Handlungen stören oder manchmal verstärken. Diese prägende Erfahrung hat einen weitgehenden Einfluß auf unsere Arbeit gehabt. Viele unserer Klienten und Teilnehmer an Workshops greifen ebenfalls offensichtlich auf solche Ideen zurück. Dieser Abschnitt richtet sich vor allem an jene, die mit dem Ansatz für Organisationen vertraut sind, der vom Tavistock-Institut entwickelt wurde und der durch Konferenzen über Gruppenbeziehungen, die von Instituten wie Tavistock und Grubb abgehalten wurden, in verschiedenen Teilen der Welt seine Verbreitung fand (Beschreibungen dieser Konferenzen finden sich bei RICE, 1965; RIOCH, 1979; MILLER, 1989). Diese Einrichtungen führen psychoanalytische und besonders KLEINsche Begriffe mit dem Modell offener Systeme für Organisationen zusammen (siehe Kapitel 1).

Wir waren bis zu diesem Zeitpunkt unschlüssig, in welche Beziehung wir diese beiden Varianten systemischen Denkens und ihre unterschiedlichen Begriffe und Anwendungen stellen sollten. Es gibt eine sprachliche Komplikation, da Praktiker in beiden Bereichen ihren Ansatz – zu Recht – als systemisch bezeichnen. Wir werden hier die Ausdrücke „rekursives systemisches Denken" und „psychodynamisches systemisches Denken" verwenden, wenn es eine Zweideutigkeit gibt (vgl. REED & ARMSTRONG, 1988). Trotz dieses gemeinsamen systemischen Themas verneinen einige Vertreter systemischen Denkens den Wert, den ein Bezug auf unbewußte Prozesse haben kann. Wir selbst bringen unsere Workshopteilnehmer von psychoanalytischen Hypothesen ab, da wir sie in etwas Neues einführen. Wir meinen aber, die Tendenz, diese beiden Bereiche als konkurrierende Darstellungen der Wahrheit zu schildern, steht letztlich der Gewinnung von Einsichten im Wege, ganz gleich, welche Klärungen der Positionen sich durch die Kontroverse ergeben. Keine Theorie hat einen ausschließlichen Anspruch auf Wahrheit, denn das, was in der Sprache *ausgedrückt* wird, kann nie mit dem, was *ist*, gleichgesetzt werden. Um mit T.S.Eliot zu sprechen, sind Theorien, wie Poesie, nicht mehr als „Überfälle auf das schwer Auszudrückende mit schäbiger Ausrüstung und ständiger Verschlechterung". Mögen wir also auch noch so an bestimmte Positionen gebunden sein, wir sind interessiert an der Ausbeute, die andere räuberische Parteien mit nach Hause bringen.

Unsere Position hat daher zwei Seiten. Erstens glauben wir, Konsultanten und Manager tun gut daran, einen möglichst umfangreichen Vorrat an Organisationstheorien und interventiven Methoden anzusammeln. Wie James Gustafson über sein eigenes Gebiet sagt:

> Das erste Prinzip ist, die gesamte psychotherapeutische Tradition als unser Lernterritorium zu betrachten. Es geht nicht darum, Wissen anzusammeln. Nein, es geht darum, sich mit dem vertraut zu machen, was in all den verschiedenen Verkleidungen, Gattungen und Schulen, die in solch einer verschiedenartigen Tradition möglich sind, mächtig und tief ist. (1986, S.344)

Zweitens meinen wir, betrachtet man rekursives und psychodynamisches systemisches Denken am besten als zwei verschiedene Sprachen, die einige Ausdrücke wie „systemisch" gemeinsam haben. Keeney (1983, S.71f) erörtert den Gedanken, jeder wissenschaftliche Diskurs baue auf einem oder mehreren grundlegenden Elementen oder „eleganten Fiktionen" auf, ebenso wie die klassische Physik auf der Fiktion des Newtonschen Partikels aufbaut. Welches ist das grundlegende Element im (rekursiven) systemischen Denken? Er schließt ab, indem er den Satz akzeptiert, „die Einheit, die wir als das Element des Verhaltens benutzen sollten, ist die Feedbackschleife selbst". Wir werden sehen, daß unsere Darstellung des systemischen Denkens in diesem Buch sich von diesem Ausgangspunkt entwickelt.

Psychodynamisches systemisches Denken beginnt an anderer Stelle. Freud betrachtete Übertragung und Widerstand als die beiden bestimmenden Begriffe der Psychoanalyse. Beiden liegt die fundamentale

Prämisse des dynamischen unbewußten Selbst zugrunde. Der Ansatz der Gruppenbeziehungen bei Organisationen (z.b. MILLER & RICE, 1967, S.3-24) verbindet dies mit der gänzlich unterschiedlichen Prämisse des offenen Systems.

Diese beiden Spielarten des systemischen Denkens machen wenig Gebrauch von den grundlegenden Begriffen des jeweils anderen. Autoren des rekursiven systemischen Ansatzes beziehen sich selten (mit Ausnahme von BATESON) auf unbewußte Prozesse. Vertreter des psychodynamischen systemischen Denkens sagen wenig über die rekursiven Kommunikationsprozesse, die (wie man sagen könnte) das Phänomen, das sie beschreiben, verursachen – obwohl es auch hier Ausnahmen gibt (z.b. LAING, 1961, 1970; LEVENSON, 1983). Kluge Konsultanten halten sich an ein Begriffssystem und bleiben dann dabei, da die beiden Diskurse letztlich nicht miteinander integrierbar sind. Zum Beispiel handelt es sich bei den Komponenten von SENGES Archetypen um Verhaltensweisen, die andere Verhaltensweisen beeinflussen: nach unserer Erfahrung fallen die Archetypen auseinander, wenn man angenommene geistige Zustände als Komponenten mit hinzunimmt.

Wir sollten jedoch auf die Arbeit von BATESON hinweisen, der vielleicht den größten Einfluß als Einzelner auf die Entwicklung des rekursiven systemischen Denkens genommen hat. Er sah sich selbst als jemanden, der die Erhellung der von FREUD begonnenen GEISTIGEN PROZESSE weiterführte und keine konkurrierende Theorie aufstellte:

> Die FREUDsche Psychologie hat den Begriff des Geistes nach innen ausgedehnt, so daß er auch das ganze Kommunikationssystem innerhalb des Körpers mit einschließt – den autonomen und den habituellen Bereich, sowie den riesigen unbewußter Prozesse. Was ich sage, erweitert den Geist nach außen hin. Und beide Veränderungen reduzieren die Reichweite des bewußten Selbst. (1972, S.461)

BATESONS Sichtweise der geistigen Prozesse ist daher umfassender als diejenige, die sie auf unsere konfuse Art in die Köpfe der Leute verlagert. Die Feedbackschleifen und komplexeren Muster, die in diesem Buch dargelegt werden, sind nach seinen Definitionen geistige Prozesse. Wir haben uns in unserer Einführung auf eine der Konsequenzen dieser Sichtweise in einem anderen Zitat von BATESON bezogen. Bewußtes Denken ist stets unweise und, ohne Zugang zu unbewußten rekursiven Prozessen, schließlich zerstörerisch. Es versteht die Welt in Begriffen linearer Kausalität und sieht daher nur unvollständige Kreisläufe, ohne zu wissen, daß sie Ausschnitte sind. BATESON definiert Weisheit neu als Erkennen von Kreisläufen (d.h. Zirkularität). Das ist der Grund, weswegen wir sagen, rekursives systemisches Denken sei ein weiser Ansatz bei Belangen von Organisationen. Seine Aussage ist aber auch paradoxerweise eine Warnung. Denn unsere Hypothesen sind notwendigerweise bewußt und daher notwendigerweise mangelhaft: sie lassen das aus, was noch unbewußt ist (vgl. BOXER und PALMER, 1993). Der Überfall auf das schwer Auszudrückende bringt vielleicht nützliche Beute; aber das schwer Auszudrückende ist immer noch da, und in größerem Umfang dort, woher es kam.

Hier wird in beiden Bereichen systemischen Denkens implizit Kritik an Konsultation, Gruppenarbeit und Organisationsentwicklung geübt. Konsultanten sprechen davon, eine „Meta"-Position" einzunehmen, als gäbe es eine Position, von der aus man sprechen könnte, ohne lokal und einäugig zu sein. Sie sprechen vielleicht aus einer Position, die anders ist als die des Klienten, was sie sagen, ist aber notwendigerweise von ihren eigenen bewußten und unbewußten vorgefaßten Meinungen bestimmt. Andere geben psychoanalytische Interpretationen, ohne ihre eigene Position infrage zu stellen, als ob alles, was an nützlichen und erhellenden Dingen gesagt werden kann, vom psychoanalytischen Standpunkt aus gesagt werden kann. Wir vergessen, daß bei all unserer harten intellektuellen und emotionalen Arbeit unsere Interpretationen, Hypothesen und Interventionen zu uns aus heiterem Himmel, aus dem leeren Raum, aus dem Nichts kommen. Wenn sie nicht auftauchen, können wir nichts dagegen tun, außer eine Tasse Kaffee zu trinken oder spazierenzugehen. Wenn sie dann auftauchen, gehen wir daher mit uns und unserer Klienten-Organisation ein großes Risiko ein, wenn wir sie nicht sorgfältig untersuchen, um vielleicht erkennen zu können, welche unbewußten Prozesse sie geformt haben – unsere eigenen Wünsche und die Wünsche der umfassenderen Kreisläufe, von denen wir ein Teil sind:

> Da ein Konsultationsprojekt eine Episode im Leben des Konsultanten ebenso wie im Leben derjenigen ist, die das Klientensystem ausmachen, müssen wir uns, wenn wir uns des wirklichen Problems bewußt werden wollen, der Frage bewußt werden, worauf wir eigentlich hinauswollen und worauf die anderen Menschen hinauswollen – der Frage unserer eigenen Wünsche. (BOXER & PALMER, 1993)

Systemische Archetypen

Vor einigen Jahren waren unsere Workshops über systemisches Denken und unsere eigene Praxis durch die Tatsache eingeschränkt, daß wir keine ausgereifte Vorstellung davon hatten, wie eine wohlgeformte systemische Hypothese aussehen könnte. Zwar ist jedes Problem in einer Organisation in seinen Einzelheiten einzigartig, wir hatten aber den Verdacht, es müsse gewisse Grundthemen geben, wie das ja auch in der Familientherapie der Fall ist. Das schien erwiesen, da bei der Schilderung von Problemen in Organisationen die Fragen und Kommentare anderer Menschen zeigten, daß sie ihrer Meinung nach einige Vorgänge wiederzuerkennen glaubten, obwohl sie über diese spezielle Situation vorher noch nichts gehört hatten.

Unser Interesse war daher sofort entfacht, als der Teilnehmer eines früheren Workshops, John Nurse, unsere Aufmerksamkeit auf die Arbeit von Peter Senge richtete. In *„The Fifth Discipline"* [Die fünfte Disziplin] (1990) erläutert Senge, welche fünf Disziplinen für die Schaffung einer lernenden Organisation in seinen Augen von zentraler Bedeutung sind. Die fünfte Disziplin, der Eckpfeiler der lernenden Organisation, ist systemisches Denken, insbesondere ein Verständnis des positiven und negativen Feedback. Senge zeigt, wie man positive und negative Feedbackschleifen als Bausteine benutzen kann, um Interaktionsmuster zusammenzusetzen, die, wie er vermutet, hinter vielen organisatorischen und gesellschaftlichen Problemen stehen. Er gibt uns zur Formulierung von Hypothesen ein Set von etwa einem Dutzend Schablonen, die er systemische Archetypen nennt. Wir haben eine dieser Schablonen, den Archetyp „Grenzen des Wachstums", in Kapitel 4 benutzt. Senge erklärt den Wert dieser Archetypen folgendermaßen:

> Meistert eine Organisation die systemischen Archetypen, dann ist sie auf dem Weg, die systemische Perspektive in die Praxis umzusetzen. Es reicht nicht ..., grundlegende systemische Prinzipien zu würdigen. Es reicht noch nicht einmal, (vielleicht mit Hilfe eines Konsultanten) eine bestimmte Struktur zu erkennen, die einem bestimmten Problem zugrundeliegt. *Das kann zum Lösen eines Problems führen, wird aber nicht die Denkweise verändern, die das Problem überhaupt verursacht hat* ... Erst wenn Manager anfangen, in systemischen Archetypen zu denken, wird systemisches Denken ein aktiver täglicher Einfluß, der beständig aufdeckt, wie wir unsere Realität schaffen. (S.95)

Wir haben noch nicht alle Archetypen in unserer Arbeit benutzt, und wir werden sie nicht alle hier besprechen. Wir schlagen den Lesern vor, uns bei der Anwendung von zwei oder drei einfacheren Archetypen zu folgen, und dann selbständig das Repertoire zu erweitern, wenn Ihnen dieser Ansatz des Hypothetisierens sinnvoll erscheint. Dann muß man sich natürlich SENGES Buch kaufen oder leihen! Wir schlagen auch vor, sich in die Archetypen einzuarbeiten, indem man mit ihrer Hilfe Hypothesen zu Situationen in Zeitungen, in der Geschichte oder der Literatur bildet. Wie würden Sie zum Beispiel den Versuch darstellen, Verkehrsstaus zu reduzieren, indem man mehr Straßen baut? Oder das Funktionieren der „Glasdecke", mit der Frauen von den höheren Jobs ferngehalten werden? Oder die Wirkungslosigkeit von gesetzlichen Sanktionen im Kampf gegen Alkohol- und Drogenmißbrauch in einer Gesellschaft (vgl. Kapitel 2)?

Uns sind häufig Situationen begegnet, die zu einem Muster passen, das SENGE „Verschiebung der Last" nennt; man könnte es auch „die symptomatische Lösung" nennen. Hier werden viele bekannte Situationen aufgezeichnet, bei denen eine kurzfristige Lösung benutzt wird, um eine Weile lang erfolgreich ein drückendes Problem zu lindern. Da jedoch nicht die zugrundeliegende Ursache des Problems angesprochen wird, taucht es früher oder später wieder auf. Die kurzfristige oder symptomatische Lösung wird dann erneut angewendet mit noch flüchtigerem Erfolg, und muß daher in immer kürzeren Abständen herangezogen werden. Der Einsatz einer symptomatischen Lösung wird nicht nur immer enttäuschender und möglicherweise auch teurer; er untergräbt zusätzlich die Fähigkeit der Betreffenden, eine grundsätzliche Lösung zu finden. Dieser Archetyp kann wie in Diagramm 10 Seite 134 dargestellt werden.

Einer von uns (BP) fand diesen Archetyp sehr aufschlußreich bei dem Versuch, das Verhalten von Mitgliedern eines Sozialarbeiterteams zu verstehen, die einen freien Tag organisierten, an dem sie ihre Überarbeitung und die niedrige Arbeitsmoral besprechen konnten. Eine Möglichkeit, ihre Situation zu interpretieren, bestand darin, ihr Problem als wachsende Zahl von schwierigen Fällen aufzufassen, in denen es um den Schutz von Kindern ging, für die sie verantwortlich waren. Sie lösten das Problem, indem sie länger arbeiteten. Dies schob zwar befürchtete Katastrophen auf, war aber nur von begrenzter Wirksamkeit: die Zahl der Zuweisungen nahm ebenso wie die Erschöpfung der Sozialarbeiter weiterhin zu. Außerdem verringerten Müdigkeit und unterdrückter Zorn ihre Fähigkeit, sich dem zu stellen, was zur Findung einer

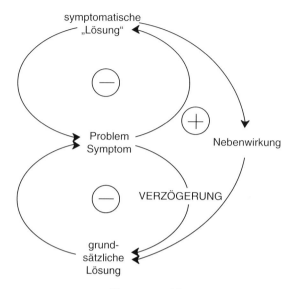

Diagramm 10

grundsätzlichen Lösung erforderlich war. Dazu gehörte ihrer Meinung nach der Wille, „Nein" zu sagen bei Zuweisungen, die über die Kapazität, die ihnen vernünftigerweise zugemutet werden konnte, hinausging; dafür war aber die Zustimmung ihres Vorgesetzten erforderlich, von dem sie eine Unterstützung solcher Vorschläge nicht erwarteten. (Sie wurden durch eine umfassende Umorganisation gerettet – falls dies das richtige Wort ist – bevor es zu einer Krise kam.)

Nach SENGE gibt es fundamentale wie auch symptomatische Lösungen für alle Probleme. Er geht über die Möglichkeit hinweg, daß es für einige unerwünschte Situationen vielleicht keine Lösung gibt. Was noch schwerwiegender ist, er behandelt Probleme und Lösungen als seien sie real und nicht von Personen entsprechend ihren Umständen und persönlichen Wünschen konstruiert (vgl. Kapitel 2).

Wir können dies mit einem Beispiel aus London verdeutlichen – betrachten wir die Kolonie von Obdachlosen, die in Zelten und Kartons auf einem Platz im Zentrum, Lincoln's Inn Fields, lebt. Bei den Anwohnern, den dort Arbeitenden und Passanten werden Sorgen und Ängste wach. Es hat Beschwerden gegeben, die Kolonie schade dem Image dieses anspruchsvollen Platzes, sei unhygienisch und ungesund für die Obdachlosen, führe zu Bettelei, Überfällen und Vandalismus. Mitleidige Gruppen haben die Versorgung mit Suppe organisiert – zur Zeit gibt es einundvierzig solche Verpflegungen pro Woche. Eine „Initiative für Obdachlose" der Regierung hat große Summen Geldes in die Einrichtung von Heimbetten in der Hauptstadt investiert. Dies hat wenig Auswirkung auf die Zahl der auf Lincoln's Inn Fields Nächtigenden gehabt.

Sowohl die Versorgung mit Essen und Wolldecken durch freiwillige Helfer wie auch das Angebot von Heimunterbringung durch die Regierung müssen vielleicht als symptomatische Lösungen betrachtet werden – die Spender fühlen sich besser. Sozialarbeiter, die mit Wohnungsbeschaffung zu tun haben, würden sagen, das Problem sei viel komplexer als nur der kurzfristige Mangel an Betten unter einem Dach und es reflektiere ein strategisches Versagen in Bezug auf den Bau von Häusern und billigen Mietwohnungen; und dies sei gepaart mit der wirtschaftlichen Rezession, deren Ausmaß eine Folge der gegenwärtigen Regierungspolitik sei. Sie würden auch darauf hinweisen, daß sich die Schließung großer Anstalten für geistig und körperlich Behinderte bei einem gewissen Prozentsatz ehemaliger Patienten als negativ erwiesen hätte, weil diese feststellen mußten, daß sie weder selbständig noch mit Verwandten zu leben imstande waren. So rückt die Suche nach einer Lösung immer größere miteinander verbundene Kreise von Ursachen ins Blickfeld statt eines geschlossenen Systems, innerhalb dessen eine sogenannte fundamentale Lösung gefunden werden kann.

Wir haben versucht, etwas von der Eleganz und Nützlichkeit der systemischen Archetypen zu vermitteln wie auch unsere Gründe, weswegen wir eine Warnung für die Gesundheitsrisiken angefügt haben. Die Klarheit der Archetypen an sich ist eine Falle, die Senge selbst nicht wahrgenommen zu haben scheint. Bei der Benutzung verwechselt man leicht die Karte mit dem Territorium und meint plötzlich, man fertige eine wahre Beschreibung der tatsächlichen Geschehnisse an; hingegen kann keine Hypothese, wie wir oft betont haben, mehr als eine Momentaufnahme des Geschehens aus einer bestimmten Perspektive sein. Die Archetypen identifizieren problematische Situationen, Lücken, Verspätungen und Lösungen, als führten diese ein Eigenleben. Es ist daher klug, alternative Beschreibungen zu erstellen, sorgfältig Information festzuhalten, die nicht zu unserer bevorzugten Hypothese paßt, und stets bereitwillig unsere Hypothesen zu revidieren, während wir Interventionen vornehmen und Feedback erhalten.

Das Dilemma aufzeichnen

Viele Sackgassen in Organisationen können als Folgen des Versuchs gedeutet werden, Ziele und Werte durchzusetzen, die Bestandteil des Kennzeichens oder der Identität von Organisation sind, jedoch miteinander in Konflikt stehen, zumindest in der Art und Weise, wie sie verfolgt werden. Durch die Arbeit von Charles HAMPDEN-TURNER (1987, 1989, 1990) haben wir eine Betrachtungsweise des Feststeckens kennengelernt, die den Begriff „Dilemma" benutzt. HAMPDEN-TURNER führt die Problemanalyse, wie WATZLAWICK sie begonnen hat (s. Kapitel 2), noch weiter: Die Form der Hypothese, zu der dies führt, ist eine Art Umdeutung des dargestellten Problems. Nach HAMPDEN-TURNERS Überzeugung nimmt man ein organisatorisches Dilemma, da es starke Gefühle weckt, am besten mit Humor in Angriff, und diese Überzeugung beeinflußt seine Schriften, die reichlich mit Cartoons illustriert sind.

Ein Dilemma ist ein Di-Lemma. „Lemma" ist eine Prämisse oder ein Satz in der Logik. HAMPDEN-TURNER behauptet, Probleme in Organisationen könnten häufig als Versuche dargestellt werden, nach nicht zu vereinbarenden Prämissen zu handeln. Manager oder Konsultanten müssen Wege finden zu vermeiden, auf den Hörnern dieses Di-Lemmas aufgespießt zu werden. Sie müssen sich bemühen, zwischen ihnen hindurchzusteuern wie ODYSSEUS, der zwischen dem Felsen Scylla und dem Strudel Charybdis segelte.

Wenn zum Beispiel ein Manager Untergebene bewerten soll, fühlt er sich vielleicht hin- und hergerissen zwischen einer neutralen Bewertung ihrer Leistung und der Erhaltung einer kollegialen und vertrauensvollen Beziehung zu ihnen (HAMPDEN-TURNER, 1990, S. 124ff.) Das Dilemma kann in Form einer Frage ausgedrückt werden:

> Vorausgesetzt, es ist wünschenswert, Angestellte entsprechend dem Wert ihrer Leistung für die Firma zu bezahlen, ist es dann möglich, dies zu erreichen, während man gleichzeitig echte Kommunikation aufrechterhält und sich weiterhin gegenseitig unterstützt?

HAMPDEN-TURNER umreißt die Gefahren, durch die der Vorgesetzte hindurchsteuert – oder auch nicht – in folgender Weise:

> Der „Felsen" des übereifrigen Aufzwingens von Standards innerhalb der Organisation mit Hilfe von Belohnungshäppchen wird *„kalte Beurteilung"* genannt. Der „Strudel" der unendlichen Sorge um die Gefühle der Angestellten heißt *„sensibel und sicher"*. Dies geschieht,

wenn ein Vorgesetzter bemüht ist, um jeden Preis eine freundliche Beziehung zu einem schlecht arbeitenden Angestellten aufrechtzuerhalten, und taktvoll über dessen Inkompetenz schweigt. (S.126)

Er stellt die möglichen Optionen in einem Diagramm dar. Das Schlaue an diesen Diagrammen ist, daß sie nicht die beiden „Lemmas" im Gegensatz zueinander zeigen, sondern im rechten Winkel wie in Diagramm 11. Dieses Diagramm erweckt sofort die Vorstellung, es könne in Bezug auf die beiden Prämissen „Bewertung und Bezahlung nach Leistung" und „offene Beziehung und Kommunikation" sehr viele mögliche Verhaltensweisen geben. Bisher sind erst zwei benannt worden: „sensibel und sicher" in der Position 10/0 und „kalte Beurteilung" in der Position 0/10. Was würde es bedeuten, sich in gewissem Grad an beide Prämissen zu halten, z.B. in der Position 3/3, 5/5 oder 8/8? Und wie wäre es, wenn man in der Position 10/10 handelte, sich also ganz und gar nach beiden Prämissen richtete? Ist solch eine Position vorstellbar?

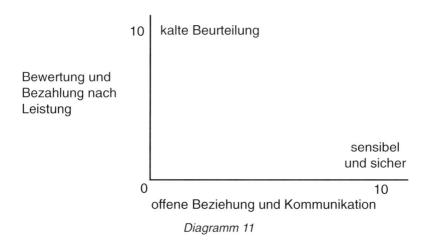

Diagramm 11

In unseren Workshops fanden wir diesen Ansatz zum Hypothetisieren wirkungsvoll und befreiend. Ein Beispiel: Mark war für Veränderungen der behördlichen Zuteilungsweise sozialer Dienste an Kinder ethnischer Minderheiten verantwortlich. Er sah zwischen den schwarzen und weißen Mitarbeitern, die den Plan umsetzen sollten, einen destruktiven Konflikt voraus. Seine Frage lautete:

> Wie kann ich diesen beiden Angestelltengruppen helfen, mit den Veränderungen fertigzuwerden, ohne sich gegenseitig zu verletzen?

Nachdem wir die Situation einschließlich Marks eigener Ideale und Ängste untersucht hatten, zeichnete einer von uns sein Dilemma wie in Diagramm 12 auf. Die Position 10/10 wurde mit Mark gleichgesetzt und ist in der horizontalen und vertikalen Achse enthalten. Es war ein Zustand, in dem Zusammenarbeit, gegründet auf dem Bewußtsein gemeinsamer Menschlichkeit, durch das Bewußtsein und den Respekt für ethnische und andere Unterschiede bereichert wurde. Die anderen Positionen bedürfen keiner Erläuterung.

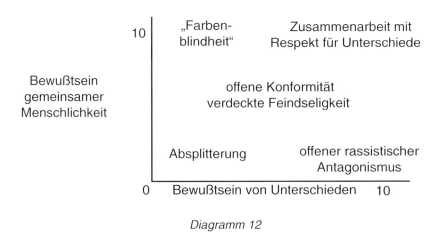

Diagramm 12

Das Leben von Organisationen ist durch immer wiederkehrende Dilemmata gekennzeichnet: Zentralisierung/Dezentralisierung; umfassende Arbeit/spezialisierte Arbeit; Geschwindigkeit der Dienstleistung/ minimale Fehlerquote. HAMPDEN-TURNER (1989) behauptet, Organisationen, denen es nicht gelingt, die Dilemmata, auf denen sie aufgespießt sind, zu identifizieren und zusammenzuführen, taumeln von einem Horn zum anderen. Sie dezentralisieren zum Beispiel (aufgrund der Prämisse, Menschen arbeiteten kreativer, wenn sie ihre eigenen Angelegenheiten unter Kontrolle haben und Entscheidungen vor Ort getroffen werden). Dann machen sie sich Sorgen, die Organisation habe keine zusammenhängende, gemeinsame Strategie, und zentralisieren wieder. Stellt man Dilemmata dieser Art in Diagrammen dar, kann man sich selbst in eine Position außerhalb allen Geschehens bringen und sie als Ganzes sehen. Um die Begriffe von CRONEN und PEARCE (s. Kapitel 3) zu verwenden, man schlägt eine Bedeutung für das Geschehen als Geschichte der Organisation vor, mit der Möglichkeit, eine Strategie für eine wirksame Intervention zu entdecken.

HAMPDEN-TURNER (1990, S.117 ff) schlägt eine Reihe von Techniken zur Ausarbeitung kluger Interventionen vor:

1. *Erforschen* und beschreiben Sie das Dilemma in humorvoller Weise, um die Menschen in die Lage zu versetzen, sich von Prämissen zu distanzieren, an die sie sich fest gebunden fühlen.

2. *Zeichnen* Sie jedes Dilemma auf und benennen die möglichen Positionen (wie wir es oben getan haben).

3. *Verflüssigen* Sie jedes Dilemma, indem Sie Nomen in Verben verwandeln: „Kritisieren" nicht „Kritik". Dies nimmt dem Dilemma die Schärfe, macht harte Positionen zu weicheren Aktivitäten.

4. Überprüfen Sie, welche Möglichkeiten es gibt, wenn ein Horn zum *Kontext* des anderen gemacht wird: Ist es zum Beispiel möglich, eine Atmosphäre der offenen Kommunikation und des Vertrauens zu schaffen? Wenn dann die Zeit kommt, Beurteilungen abzugeben, ist die notwendige Härte akzeptabel, da sie in einem Kontext gegenseitigen Vertrauens auftritt?

5. Untersuchen Sie die Spielbreite für eine *Sequentierung* der Initiativen: d.h., erst eine horizontale und dann eine vertikale Bewegung Richtung Position 10/10. Anders ausgedrückt, überlegen Sie, daß es vielleicht nicht notwendig ist, gleichzeitig aufgrund beider Prämissen zu handeln. Ist es zum Beispiel für Manager vor Ort möglich, sich periodisch zwischen dem Zentrum und der Peripherie zu bewegen, damit sie sowohl lokale wie auch korporative Perspektiven in der Arbeit der Organisation aufbauen?

6. Die Dilemmata *zusammenführen*. Dies ist eine Möglichkeit zu überprüfen, wie wirkungsvoll die vorherigen Schritte ausgeführt wurden. Die Frage ist, ob wir einen circulus virtuosus statt eines circulus vitiosus geschaffen oder ob wir entdeckt haben, wie „das System als Ganzes eine Intelligenz besitzt, die seinen Einzelteilen fehlt" (1990, S.143). Man könnte zum Beispiel Angestellte fragen: „Haben Sie den Eindruck, daß die Kritik, der Sie in Ihren Beurteilungsgesprächen begegnen, dazu beiträgt, Ihre Beziehung zu Ihrem Vorgesetzten zu verbessern?"

Nach HAMPDEN-TURNER sollte man auch eine *Bescheidenheit der Erwartung* fördern. Man sollte nicht erwarten, in der 10/10 Position zu leben. „Du bist niemals an dem Punkt angelangt; du bist immer auf dem Weg dahin" (1989). Manchmal erreicht man das Ziel, aber oft lebt man mit Kompromissen oder wechselt zwischen verschiedenen Positionen. Wir werden diese Schwierigkeit aber vermutlich nicht zu einem Problem machen, da wir eine Karte des Terrains besitzen, in dem wir uns befinden.

Der Theorie des Dilemmas liegt eine wichtige Einsicht in Organisationen zugrunde. Um etwas zu schaffen, müssen wir uns Organisationen als kohärente Systeme mit gemeinsamen Zielvorstellungen und Grundvoraussetzungen vorstellen. Von Zeit zu Zeit aber stoßen wir auf Probleme – wie die oben beschriebenen –, die nur verstanden werden können, wenn wir von unserem Traum einer kohärenten Organisation ablassen. Stattdessen greifen wir die Metapher vom Dilemma auf: Organisationen werden aus einer Ansammlung von Prämissen gebildet, die von denselben und unterschiedlichen Menschen vertreten werden, und diese Prämissen sind nicht notwendigerweise miteinander vereinbar. Wenn ihnen die Macht nicht diskutierbarer Prinzipien zugestanden wird, dann sind alle Voraussetzungen für ein Hin- und Herschwanken zwischen gegensätzlichen Aspekten und für einen lähmenden Konflikt, der ewig im Untergrund schwelt, gegeben. Unter diesen Umständen kann nur ein Ansatz beim Hypothetisieren eine Chance auf Erfolg haben, der die widersprüchlichen Prämissen identifiziert und sie alle auf einer Karte festhält.

Anhang
Wie wir Kursteilnehmer in die systemische Praxis einführen

Teilnehmer

In unseren Kursen über systemisches Denken und Handeln haben wir mit folgenden Gruppen zusammengearbeitet: Manager aus der dritten und vierten Ebene, Abteilungs- und Regionalleiter, Team- und Sektionsleiter sowie Angestellten in Ausbildung und Entwicklung, Verwaltung, Finanzierung und Information. Bisher kamen diese Manager aus dem Bereich Erziehung und Wohlfahrt, von freiwilligen Kinderfürsorgeorganisationen und Familienberatungsstellen und der Bewährungshilfe. An den Kursen nahmen zwischen zehn und fünfzehn Personen teil sowie zwei Tutoren. In den letzten Kursen haben wir denjenigen, die frühere Kurse besucht haben, die Möglichkeit geboten, einen Teil der Zeit als gesonderte „Wiederkehrergruppe" zusammenzuarbeiten.

Oft hatten wir Teilnehmer von verschiedenen Ebenen derselben Organisation. Wann immer es möglich war, versuchten wir, sie in verschiedenen Gruppen arbeiten zu lassen, dies schien für sie aber nicht wichtig zu sein – vielleicht weil das allgemeine Klima des Kurses Objektivität, Neutralität und Erkennung von systemischen Prozessen vermittelt. Auch war unsere Beziehung zu den Teilnehmern im allgemeinen locker, freundlich und offen. Wir vermeiden es, den Eindruck hervorzurufen, wir seien Autoritäten, da dies oft dem Lernen im Wege steht. Das ist ein Kennzeichen der Methode selbst – bei Widerstand gegen Veränderung einen Schritt zurück zu machen.

Die Konsultationsübung

Das zentrale Thema unseres Kurses ist die Konsultationsübung. Wir wiederholen diese mehrere Male, wobei wir ausgewählte Situationen der Kursteilnehmer selbst als Arbeitsmaterial heranziehen. Unterstützt wird dies durch genaue Erklärungen zur Theorie, die hinter den verschiedenen Stadien der Konsultationsübung steht, und durch Sitzungen über Systemtheorie oder verwandte Themen. Es können auch kürzere Übungen eingeführt werden, um den Teilnehmern diese paradoxe Denkweise nahezubringen, einer bestimmten Gruppe etwas zu verdeutlichen, oder das Eis zu brechen und Leute zu Beginn des Kurses miteinander bekannt zu machen.

Wenn wir Manager in unsere Kurse aufnehmen, fordern wir sie auf, eine Arbeitssituation auszuwählen, die sie überrascht, ihnen Schwierigkeiten bereitet oder das Gefühl vermittelt, in einer Sackgasse zu stecken. Wir beruhigen sie, daß dies nicht in einer systemischen Weise dargestellt werden müsse; sie können ihre Geschichte den anderen Teilnehmern in ihren eigenen Worten erzählen, die wir dann in bestimmter Weise bei der Erkundung der Situation anleiten, um hoffentlich einige Handlungsmöglichkeiten vorschlagen zu können. Unsere erste Tätigkeit bei einem Kurs besteht darin, einige Grundregeln über das Bewahren der Vertraulichkeit unter den Teilnehmern auszuarbeiten, da ja einige, wie wir bereits sagten, aus derselben Organisation kommen können, und vermutlich alle Kontakt mit den Kollegen der anderen aufnehmen könnten. Die Betroffenen scheinen in dieser Hinsicht der Berufsethik der anderen zu trauen, wenn auch manche unverfänglichere Situationen vorstellen als andere, die ein größeres Risiko in Bezug auf ihr Kompetenz-Image eingehen.

Wir lassen die Leute nach einer minimalen theoretischen Einführung mit der Konsultationsübung beginnen. Dies demonstriert unser Vertrauen in die Macht der Übung selbst als einer Vorgehensweise und in die Kompetenz und Motivation der Leute, von ihr Gebrauch zu machen. Um jedem in derselben Weise die verschiedenen Stadien der Arbeit zu verdeutlichen, arbeiten wir zunächst in der gesamten Kursgruppe. Der Ablauf, der nicht starr ist, sondern stets in der Entwicklung, sieht zur Zeit folgendermaßen aus:

1. *Präsentation und Klärung:* Ein Teilnehmer wird gebeten, seine ausgewählte Arbeitssituation darzustellen, während die anderen als Konsultanten agieren. Einer der Tutoren (oder ein Teilnehmer) stellt klärende Fragen, um auf möglichst neutrale Weise die notwendigen Einzelheiten herauszufinden, damit Kontext und Problematik ausreichend verstanden werden und die Teilnehmer sich ein Bild machen können. Dies dauert normalerweise nicht länger als zehn oder fünfzehn Minuten, und wir fordern den Darstellenden auf, sich zunächst streng an die „Fakten" zu halten. Das Ziel ist, herauszufinden, seit wann die Situation besteht und wer beteiligt ist, eine detaillierte Beschreibung des Verhaltens und der Einstellung zu erhalten, die dem Darstellenden Schwierigkeiten machen, und erste Schritte zu unternehmen, um herauszufinden, welche Verhaltensmuster im Zu-

sammenhang mit dem Problem vorhanden sein könnten. Zu dieser anfänglichen Untersuchung sollte gehören, festzustellen, ob und welche Schritte schon unternommen wurden, um für die geschilderte Situation Abhilfe zu schaffen. Dies könnte einen Hinweis darauf geben, daß versuchte Lösungen zur Eskalation des Problems beigetragen haben. Die anfängliche Klärung ist dann abgeschlossen, wenn wir unserer Meinung nach anfangen, wiederkehrende Interaktionsmuster zu erkennen, die eher auf zirkuläre statt auf lineare Prozesse von Ursache und Wirkung hinweisen. An diesem Punkt sind wir bereit, zum nächsten Stadium überzugehen.

2. *Wieder-Erzählen:* Jetzt schlagen wir vor, die Teilnehmer sollen paarweise darüber diskutieren, wie sie die Situation bisher verstehen, und eine kurze „Wieder-Erzählung" schreiben, die das Bild, das sie aufgebaut haben, zusammenfaßt (s.a. Kapitel 4). Dies braucht nicht mehr als ein Versuch zu sein, über das nachzudenken, was sie gehört haben, oder es kann schon ein gewisses Maß an Interpretation enthalten. Sie lesen dem Darstellenden dann ihre Wieder-Erzählungen vor, der dabei die Möglichkeit erhält, sich dazu zu äußern.

3. *Fragen:* Dieselben Paare werden dann aufgefordert, zwei oder drei Fragen zu formulieren, die sie dem Darstellenden gern stellen würden, um ihr Urteil oder ihre Vermutung zum Geschehen zu überprüfen. Wir begrenzen die Anzahl der Fragen, um ihnen zu helfen, sich auf Schlüsselverbindungen zu konzentrieren und zu lernen, Untersuchung und sich andeutende Hypothesen zu verbinden. Der Darstellende beantwortet die Fragen, so gut er kann, wir unterdrücken zu diesem Zeitpunkt aber die freie Diskussion.

4. *Hypothetisieren:* Dann äußern wir den Teilnehmern gegenüber die Vermutung, daß sie nach all den Fragen von Kursteilnehmern und Tutoren und nach den Antworten des Darstellenden vermutlich eine Ansicht zu der Situation entwickelt haben und welche Rolle der Darstellende darin spielt. Wir bitten sie, in etwa fünfzehn Minuten eine Hypothese über das Problem und seine Ursache zu formulieren. Diese sollen sie auf eine Karte schreiben, so knapp wie möglich, und später dem Darstellenden mitteilen. Anfangs ist dies natürlich sehr schwer, und es ist auch beunruhigend, sich auf dem Papier mit einer bestimmten Erklärung zu dem, was man gehört hat, festzulegen. Unter diesem Druck neigen Teilnehmer dazu, wieder in lineare Ursache-Wirkung-Erklärungen zurückzufallen und befestigen die Schuld am Darstellenden oder an jemandem, den er erwähnt hat.

Wenn sich im Laufe des Kurses die Tutoren bemühen, systemischere Hypothesen vorzustellen, werden diese Erklärungen zirkulärer und neutraler und führen auch verschiedene und zum Teil nicht direkt involvierte Gruppen und Einzelpersonen auf, die zum Erhalt der Situation beitragen. Der Darstellende erhält die Gelegenheit, auf diese Hypothesen zu antworten, und kommt zu diesem Zeitpunkt häufig mit neuer Information. Oft bitten wir ihn, seine eigene Hypothese aufzustellen und uns mitzuteilen.

5. *Interventionen:* Auf der Grundlage der Hypothesen, die sie ausgearbeitet oder von den anderen gehört haben, werden die Paare aufgefordert, dem Darstellenden bestimmte Vorschläge zu empfehlen, was er tun (oder lassen) könnte, um die Sequenz der Ereignisse, die Probleme bereiten, zu verändern. Sie sollen diese auf eine andere Karte schreiben, die dem Darstellenden – falls gewünscht – mit einer Erklärung übergeben wird. Dann bitten wir den Darstellenden um Feedback, ob er das Vorgeschlagene durchführen könnte, wie er darüber denkt, und welche möglichen Folgen es geben könnte. Er nimmt diese Karte mit als greifbares Ergebnis des Kurses, und in den Folgesitzungen beziehen viele sich darauf und berichten, welchen Gebrauch sie davon gemacht haben (oder nicht).

Der ganze Ablauf – Demonstration der Methode, dabei eingeflochten das Lehren über Hypothesen und über Kategorien von Fragen, die nützlich sein könnten – kann zwei oder drei Stunden dauern. Er kann schneller wiederholt werden, wenn man in kleineren Gruppen arbeitet, wobei die Tutoren bei einer Gruppe bleiben, herumgehen oder einfach nur zur Konsultation über bestimmte Aspekte zur Verfügung stehen, was immer zum jeweiligen Zeitpunkt am sinnvollsten erscheint.

Einführende Sitzungen

Es ist immer eine Schwierigkeit, wie man einen Kursus anfängt. Früher haben wir viel Zeit damit verbracht – zu viel, wie wir fürchten – Teilnehmer aufzufordern, sich gegenseitig die Arbeitsbereiche auf interessante und visuelle Weise näher zu bringen, indem sie z.B. Knetgummimodelle oder Zeichnungen machten. Wir beschlossen dann, damit aufzuhören, teils weil zu viel Information angeboten wurde, und teils weil fast ein ganzer Tag nötig war, um die Information vorzubereiten und weiterzugeben. Trotzdem bedauern wir den Entschluß in gewisser Weise, da Manager im Laufe dieses Prozesses oft beträchtliche Einsicht in ihre Teams gewannen.

In den letzten Kursen haben wir weniger ausgearbeitete Übungen eingesetzt, in denen die Teilnehmer zum einen in die Lage versetzt werden, etwas über sich selbst zu sagen, und außerdem in systemisches Denken eingeführt werden. Wir geben später zwei Beispiele. Während der ersten Sitzung des Kurses wird auch bereits ein Blick auf einige systemische Konzepte geworfen.

Theorie-Sitzungen

Im Laufe der Jahre haben wir Möglichkeiten entwickelt, Kursteilnehmer bei aktiver Mitarbeit mit relevanten Theorien vertraut zu machen. Als wir anfingen, gab es wenig Veröffentlichungen über systemisches Denken (jedenfalls nicht in Großbritannien), die auf Organisationen und Management anwendbar waren. Wir griffen weitgehend und mit etwas ungutem Gefühl auf die zahlreichen Werke über systemisches Denken und systemische Forschung und Praxis in der Familientherapie zurück. Viele unserer ersten Kursteilnehmer hatten direkt mit praktischer Sozialarbeit zu tun und einiges Training in Familientherapie. Wir hatten also zumindest einen Kern von Teilnehmern, die unsere Sprache sprachen. Zwei oder drei Kursteilnehmer äußerten sich jedoch offen und kritisch über unsere theoretische Konzentration auf Familien und stellten mit Recht unseren Ausgangspunkt in Frage, das, was für Familien als Systeme gelte, könne auch auf Teams und Organisationen angewendet werden. Wir verwendeten meist viel Mühe darauf, die Gruppe herausarbeiten zu lassen, welches ihrer Meinung nach Unterschiede und Ähnlichkeiten zwischen Familien und Teams waren. In den letzten Jahren haben wir uns allmählich mehr der wachsenden Literatur über Verhalten in Organisationen zugewendet.

In einigen theoretischen Sitzungen bitten wir z.B. die Teilnehmer, ein wichtiges Kapitel über Aspekte des Konsultationsprozesses zu lesen. Dabei könnte es um Problemdefinition oder häufige Dilemmata in Organisationen gehen. Wir fordern sie dann vielleicht auf, paarweise darüber zu diskutieren, die eigene Interpretation der Bedeutung und Wichtigkeit für ihre Arbeit darzulegen, und dann in einer Gruppe gemeinsam über das für die Anwesenden Auffälligste zu reden.

Wir haben Teilnehmer auch aufgefordert, gemeinsam gewisse Schlüsselbegriffe wie z.B. Macht zu untersuchen – ihre Bedeutung und ihre Ausübung. Wir fangen an, indem wir etwa auf ihre eigene Erfahrung mit Macht zurückgreifen und ihre Kommentare auf einer Tabelle zusammenstellen. Dann diskutieren wir über die Aussagen verschiedener Vertreter systemischen Denkens, die unsere Gedanken entweder bestätigen oder erweitern. Wir geben der Gruppe eine kurze Leseliste und ein Blatt mit einer Zusammenfassung. Das Hauptinteresse des Kurses scheint für die Teilnehmer aber bei den Konsultationsübungen zu liegen. Sie wollen sich im allgemeinen nicht zu sehr in die Arbeit der Systemtheoretiker vertiefen, die zum Teil kompliziert und unverständlich für Leute ohne wissenschaftlichen Hintergrund zu sein scheint.

Andere Lernmethoden

Im Hinblick hierauf suchen wir nach Möglichkeiten, Systemtheorie etwas spielerischer einzuführen. Als wir zum Beispiel einmal CRONEN und PEARCES Theorie des Coordinated Management of Meaning (s. Kapitel 3) vorstellten, fingen wir an, indem wir den Teilnehmern das Diagramm der Autoren aufzeichneten und erklärten, und ihnen zeigten, wie sich Kontexte einer „Sprechhandlung" wie chinesische Schachteln ineinanderfügten. Dann führten wir den Gebrauch des Diagramms mit einem Zitat aus einem Roman von Barbara PYM vor; hierbei zeigten wir, wie wir anfingen, Kontexte auf verschiedenen Ebenen zu konstruieren, um selbst einer einzigen Bemerkung Sinn zu verleihen. Am Ende spielten wir ein kurzes Spiel von Konsequenzen mit ihnen, und erfanden paarweise einen Kontext, der den verrückten Geschichten am Ende einen Sinn gab.

Wir bemühen uns, Übungen nicht deshalb zu wiederholen, weil sie gut gelaufen sind; vielmehr versuchen wir als Tutoren immer, uns an der Grenze von Veränderung und Ungewißheit zu bewegen entsprechend dem Empfinden, das die Teilnehmer selbst manchmal haben müssen. Wir versuchen, Lernerlebnisse zu schaffen, die jetzt und hier in die Situation passen. Um zum Beispiel zu Beginn eines Kurses die Aufmerksamkeit auf Feedbackschleifen zu lenken, die Menschen in Organisationen verbinden, bitten wir die Gruppe, sich paarweise zu befragen und herauszufinden, wer in seinem jeweiligen Kontext gewinnen und verlieren würde, wenn er erfolgreich durch den Kursus lernen würde. Ein anderes Mal fordern wir die Gruppe auf, drei verschiedene Möglichkeiten vorzuschlagen, wie sie die Arbeit des Kurses sabotieren könnten. Dabei kommen wir zu der Erkenntnis, daß die Durchführung blokkiert wird, wenn man das eigene möglicherweise abweichende Verhalten publik macht!

In der letzten Zeit war der Gebrauch von SENGES (1990) systemischen Archetypen für uns ein brauchbarer Lernansatz über Zirkularität und übliche und unvermeidbare Schwierigkeiten in Organisationen. Da sie visuell dargestellt werden, können sie mit großer Klarheit selbst Neulingen erläutert werden, was bisher in unseren Kursen gefehlt hatte. In einer Sitzung baten wir die Teilnehmer, sich eine Reihe von Diagrammen anzusehen, auf denen diese Archetypen dargestellt waren. Dann wählten sie eine Situation aus ihrer Arbeit, der Gesellschaft oder internationalen Beziehungen aus und suchten den entsprechenden Archetyp, der den Vorgang zu erklären schien. Wir waren beeindruckt, wie schnell die Gruppe die Bedeutung dieser organisatorischen Kräfte erfaßte; unserer Überzeugung nach war die Ursache hierfür das visuelle Medium, das wir statt eines Vortrages oder einer weitschweifigen Lehrmethode einsetzten.

Der Wert des Spielerischen

Wir haben Rollenspiele benutzt, um in das Thema der organisatorischen Dilemmata einzuführen (s. Kapitel 6). Wir fordern zum Beispiel einige Gruppenmitglieder auf, eine Szene zu spielen, in der Mitglieder der königlichen Familie sich darüber beraten, wie sie täglich im Bewußtsein der Nation bleiben können, ohne anzügliche Neugier und Publicity zu erregen. Dann können wir zu einem Organisationsthema übergehen und bitten einen Manager, andere Teilnehmer zu einem Rollenspiel über eine ärgerliche Situation in seinem eigenen Team heranzuziehen. Dann werden Vorschläge gemacht, was in dem Team vor sich geht und wie man mit der Situation umgehen könnte – indem man sie entweder klug entspannt oder sie eskalieren läßt. Wir schlagen Beobachtungsmethoden vor, die sich mehr auf Abläufe und Muster und weniger auf Inhalte konzentrieren – auf die Choreographie und nicht die Schritte.

Mit dieser Übung nehmen wir das Thema der typischen Spiele in Angriff, die Leute in Organisationen spielen; diese wiederum reflektieren die schmerzlichen Dilemmata, die sich zwischen der Konzentration auf Ziel oder Ablauf ergeben, auf Ergebnisse oder auf die Angestellten, die sie erreichen sollen.

Der Wert von Übungen dieser Art ist von David CAMPBELL und seinen Kollegen unterstrichen worden, die Anweisungen für eine Reihe von Übungen herausgegeben haben (1991a, S.43ff). Wir haben eine von ihnen für einen unserer Kurse abgewandelt. Merkwürdigerweise verhörten die Teilnehmer sich bei den Anweisungen oder befolgten sie nicht; und ihre Reaktion auf die Übung wurde zu einem solchen Angelpunkt des Lernens über Systeme, daß sie es kaum ertragen konnten, die darauffolgende Diskussion zu beenden. Der Zweck der Übung lag darin zu zeigen, wie wir uns an Arbeitssysteme anpassen. Die Anweisung lautete:

> Bilden Sie zwei Kreise mit acht Leuten. Jede Person denkt darüber nach, welche Rolle sie gern spielen würde, wenn dies ein neues Arbeitssystem wäre. Dann sagen Sie nacheinander: „Wenn die vorige Person sich in der Weise in einer Rolle verhalten würde, dann würde ich mich gern so und so verhalten."

Diese Sequenz sollte drei- oder viermal im Kreis herumgehen. Die eine Gruppe hielt sich an die Anweisungen, die andere nicht: Ein oder zwei Personen aus dem Kreis weigerten sich zu sprechen. Oberflächlich gesehen, verhielten die Gruppen sich also unterschiedlich, und doch stellte sich heraus, daß sie ähnlich waren, da sie unausgesprochen wünschten, sich den Anweisungen zu widersetzen; die erste Gruppe unterdrückte dies ebenso wie die gehorsamen Mitglieder der zweiten.

Bei diesen Übungen liegt das Ziel darin, Teilnehmer spielerisch in ein Gruppenerlebnis hineinzuziehen. Nach unserer Überzeugung ist das Spielerische ein wichtiger und befreiender Weg zu lernen. Rollenspiel und Gruppenübungen sind Formen ernsten Spiels. (Wir haben diesen Ausdruck von Colin EVANS übernommen. Wenn wir davon ausgehen, daß zu unserem Leben Zeiten der Arbeit sowie des Spiels gehören, die beide trivial oder ernst sein können, dann gibt es vier Möglichkeiten: triviale Arbeit, ernste Arbeit, triviales Spiel und ernstes Spiel: s. EVANS & PALMER, 1989.)

Prüfen, was gelernt wurde

Anfangs führten wir den Kurs in fünf oder sechs Tagen und in zwei oder drei Teilen durch. Nach jedem Modul war eine dreimonatige Pause. Im zweiten Modul wurden die Teilnehmer aufgefordert, die Schritte der Situation, die sie im ersten Teil vorgestellt hatten, noch einmal nachzuvollziehen und zu berichten, was sie seitdem neu angefangen oder worüber sie ihre Meinung geändert hatten. Sie erzählten uns, wie die Situation jetzt war. Dies war ein nützliches Feedback für die Tutoren erstens wegen der Bewertung der Methode und zweitens in Hinblick auf dieses Buch. Die Situation war selten, wenn überhaupt jemals, genau dieselbe. Wir müssen zugeben, daß sie manchmal schlimmer war: das problematische Verhalten war eskaliert. Wie wir jedoch später erfuhren, hatte dies zu einer Entscheidung geführt. Manchmal war eine

„problematische" Person auch aus dem Blickfeld verschwunden, und etwas anderes erschien wichtiger; wenn wir das genauer untersuchten, war es meist möglich, dieses Verschwinden aus dem Blickfeld als ein Umdeuten zu verstehen, wodurch die problematischen Beziehungen in eine neue Perspektive gerückt wurden.

Als es dann aber durch die wirtschaftliche Rezession für Angestellte im Gesundheits- und Sozialbereich schwierig wurde, Geld für einen fünf- oder sechstägigen Kurs mit Übernachtung zu bekommen, beschlossen wir 1993, mit einem dreitägigen Modul zu starten mit getrennten Gruppen für „Wiederkehrer" und „Anfänger". Einer von uns arbeitete mit beiden Gruppen. Dies funktionierte gut: Unser erster Kurs dieser Art war mehr als ausreichend belegt, und mehrere Anfänger versuchten, beim nächsten Kurs wiederkommen zu können, der sechs Monate später stattfinden sollte. Wir haben beschlossen, uns jetzt an dieses Muster zu halten, obwohl es für die Tutoren und möglicherweise auch für die Teilnehmer Nachteile hat: Sie werden gehindert, gemeinsam (und unterschiedlich) vom selben Material zu lernen; die Anfänger haben nicht mehr die Erfahreneren als Vorbild; und wir können weniger leicht herausfinden, was infolge der angebotenen Interventionen geschah.

Für die Teilnehmer hat es jedoch den zusätzlichen Wert, daß wir in der abschließenden Sitzung in der Lage sind, das Monopol unserer Tutorenrolle aufzugeben. Die Wiederkehrer werden eingeladen, als Konsultanten für die Beginner zu agieren, und haben Zugang zu Ratschlägen von den Tutoren, wenn sie es möchten. Dies hat für beide Gruppen gut funktioniert und bietet dem Wiederkehrenden eine echte Möglichkeit zu prüfen, was er gelernt hat.

Bevor man mit dieser abschließenden Übung beginnt, treffen Konsultanten (und Wiederkehrer) und Konsultees (Beginner) sich getrennt und zählen auf, was ihrer Meinung nach zu den Fähigkeiten eines guten Konsultanten oder Klienten gehört. Auf der Liste für Konsultanten stand unter anderem:

> Vermeide, eine überlegene Position einzunehmen. Vermeide es, den Klienten zu dominieren oder mit ihm zu streiten.
>
> Höre den Klienten aufmerksam und aktiv zu. Höre auf das, was nicht gesagt wird.
>
> Stelle offene Fragen und arbeite dich zu den Einzelheiten durch.
>
> Stelle Annahmen in Frage, einschließlich deiner eigenen.
>
> Vermeide eine allzu große Informationsmenge; benutze Zusammenfassungen, Wieder-Erzählungen.

- Sei systematisch, aber flexibel; erkläre den Ablauf; mache einen Vertrag und halte dich daran; vermittle Ordentlichkeit.
- Zeige das Paradoxe an; nutze Humor und spielerisches Verhalten.
- Vermeide es, eine mentale Karte zu haben, die wichtige Einflüsse und Kontexte ausschließt.
- Achte auf Rollengrenzen und die Grenze oder das Ausmaß der Autorität.
- Konzentriere dich nicht sofort auf den Plan der Organisation oder deinen eigenen bei dieser Begegnung: fange da an, wo der Klient sich befindet.
- Finde heraus, wie der Klient über diese Fragen fühlt.

Nach der Übung kehren wir zu diesen Listen zurück. In der Fishbowl-Technik diskutieren die KonsultantInnen, wie es ihnen ergangen ist, während die Konsultees zuhören. Dann diskutieren die Konsultees, wie es ihnen ergangen ist, während die Konsultanten zuhören. Dieser Vorgang hat seinen Wert darin, daß er allen Teilnehmern die Gelegenheit gibt, Fähigkeiten zu benennen, die sie benutzt haben (oder nicht), die aber in den beiden vorhergegangenen Tagen des Kurses nicht benannt wurden. Denkt man an die Auswertung, dann erhalten die Tutoren hier eine gute Vorstellung davon, wie wirkungsvoll die Konsultationen gewesen sind.

Abschluß

Wir neigen dazu, sowohl lineare wie auch zirkuläre Auswertungsmethoden in der abschließenden Sitzung des Kurses anzuwenden. Teilnehmer werden zum Beispiel gebeten, unter vier Überschriften ein knappes Feedback zu geben: Würdigung, Bedauern, Erkenntnisse und Bitten für die Zukunft. An dieser Methode ist kritisiert worden, sie sei ein eher linearer Weg, aber wir meinen, wir erhalten so differenzierte Information von jedem aus der Gruppe, und jeder kann wiederum seine Enttäuschung, seine Erfolge und das Gelernte zum Ausdruck bringen. Wir haben auch um drei Vorschläge gebeten, wie die Teilnehmer ihren Organisationen dabei helfen könnten zu verhindern, das im Workshop Gelernte anzuwenden; dabei erhofften wir uns für sie die Anregung, trotzig dafür zu sorgen, daß sie ihren Teams und Kollegen eine solche Gelegenheit nicht bieten.

Literatur

ARGYRIS, C. & SCHON, D.A. Organizational Learning: A Theory of Action Perspective. Reading, MA: Addison-Wesley, 1978

BATESON, Gregory. Steps to an Ecology of Mind. New York: Ballantine, 1972, dtsch. Ökologie des Geistes. Frankfurt/M.: Suhrkamp, 1981

BATESON, Gregory. Mind and Nature. London: Wildwood, 1979, dtsch. Geist und Natur. Frankfurt/M.: Suhrkamp, 1982

BAZALGETTE, John & FRENCH, R.B. From „Learning Organization" to Teaching-Learning Organization. London: Grubb Institute, 1993

BERNE, Eric. Games People Play. London: 1966, dtsch.: Spiele der Erwachsenen. Reinbek: Rowohlt.

BION, Wilfried R. Experiences in Groups. London: Tavistock, 1961

BLEICH, D. Subjective Criticism. Baltimore, MD: Hopkins University Press, 1978

BOXER, Philipp & PALMER, Barry W.M. Passing Beyond the Problem as Presented: What Do We Do Next? (Seminar), 1993

Brewer's Dictionary of Phrase and Fable. London: Cassell, 1981

BRUGGEN, Peter & O'BRIAN, Charles. Helping Families: Systems, Residential and Agency Responsibility. London: Faber, 1987

CAMPBELL, David & DRAPER, Rosalind (eds). Applications of the Milan Approach to Family Therapy. London: Grune & Stratton, 1985

CAMPBELL, David, DRAPER, Rosalind & HUFFINGTON, Clare. Teaching Systemic Thinking. London: Karnac, 1991a

CAMPBELL, David, DRAPER, Rosalind & HUFFINGTON, Clare. A Systemic Approach to Consultation. London: Karnac, 1991b

CECCHIN, Gianfranco. Hypothesizing, circularity and neutrality revisited: An invitation to curiosity. Fam.Proc. 26: 405-413, 1987, dtsch. Zum gegenwärtigen Stand von Hypothetisieren, Zirkularität und Neutralität. Eine Einladung zur Neugier. Familiendynamik 13(3): 190-203, 1988

CHECKLAND, Peter. Systems Thinking, Systems Practice. Chichester-New York: Wiley, 1981

COOPER, L.W. & GUSTAFSON, J.P. From Old to New Stories in Organizations. unv. 1992

CRONEN, Vernon & PEARCE, W.Barrett. Communication, Action and Meaning: The Creation of Social Realities. New York: Praeger, 1980

CROSS, Amanda. A Trap for Fools. London: Virago, 1990, dtsch.: Sturz aus dem Fenster, Frankfurt/M.: Eichborn 1992

EVANS, Colin & PALMER, Barry W.M. Inter-group encounters of a different kind: the experiental research model. Studies in Higher Education 14(3): 297-308, 1989

GARLICK, H. Leaning on the oldest profession. The Guardian, 10. Okt. 1990

GARRATT, Bob. Creating a Learning Organization. Englewood Cliffs, NJ: Prentice-Hall, 1990

GIA-FU FENG & ENGLISH, J. (Übers.) Tao Te Ching by LAO TSU. London: Wildwood, 1973

GREENBURG, D. How to Be a Jewish Mother. Los Angeles: Price/Stern/Sloan, 1964

GUSTAFSON, James P. The Complex Secret of Brief Psychotherapy. New York-London: Wiley, 1986

GUSTAFSON, James P. Self-Delight in a Harsh World. New York-London: Norton, 1992

HALEY, Jay. Leaving Home. New York: McGraw-Hill, 1980, dtsch. Ablösungsprobleme Jugendlicher. München: Pfeiffer, 1981

HAMPDEN-TURNER, Charles. AIDS – The Next Twenty-Five Years: Mobilising Society's Resorces. London: Grubb-Institute, 1987

HAMPDEN-TURNER, Charles. Corporate Culture and the Management of Dilemma. London: Business School, 1989

HAMPDEN-TURNER, Charles. Charting the Corporate Mind: From Dilemma to Strategy. Oxford: Blackwell, 1990

HARE, David. Asking Around. London: Faber, 1993

HEIN, Piet. Grooks. London: Hodder, 1969

JAMES, W. Essays in Pragmatism. New York: Haffner, 1943

KEENEY, Bradford P. Aesthetics of Change. New York: Guilford, 1983, dtsch. Ästhetik des Wandels. Hamburg: ISKO; 1987

LAING, Ronald D. The Self and Others. London: Tavistock, 1961. dtsch.: Das Selbst und die Anderen. Köln: Kiepenheuer & Witsch, 1974.

LAING, Ronald D. Knots. London: Tavistock, 1970. dtsch.: Knoten. Reinbek: Rowohlt 1986.

LEVENSON, E.A. The Ambiguity of Change. New York: Basic, 1983

MARRIS, Peter. Loss and Change. London: Routledge, 1974, 1986

MATURANA, Humberto R. & VARELA, Francisco J. The Tree of Knowledge. Boston-London: Shambala, 1987, dtsch. Der Baum der Erkenntnis. München: Scherz, 1987

MENZIES-LYTH, I. The functioning of social systems as a defence against anxiety. Nachdruck: Containing Anxiety in Institutions. London: Free Associations, 1959, 1988

MILLER, Alice. The Drama of the Gifted Child. London: Faber, 1983. dtsch.: Das Drama des begabten Kindes. Frankfurt/M.: Suhrkamp, 1979

MILLER, E.J. (ed) Task and Organization. London-New York: Wiley, 1976

MILLER, E.J. The „Leicester Model": Experiental Study of Group and Organizational Processes. London: Tavistock, 1989

MILLER, E.J. & RICE, A.K. Systems of Organization. London: Tavistock, 1967

MINUCHIN, Salvador. Families and Family Therapy. London: Tavistock, 1974, dtsch. Familien und Familientherapie. Freiburg: Lambertus, 1983[5]

MORGAN, Gareth. Images of Organization. Beverly Hills-London: Sage, 1986

MORGAN, Gareth. Imaginization. Newbury Park-London: Sage, 1993

PALMER, Barry W.M. & REED, B.D. An Introduction to Organizational Behavior. Grubb Institute, 1972

PALMER, Barry W.M. & MCCAUGHAN, Nano M. All in a day's work. Community Care, S. 21ff, 2. Juni 1988

PAPP, Peggy. Paradoxes. in: MINUCHIN, Salvador & FISHMAN, H. Charles (eds). Family Therapy Techniques. Cambridge, MA: Harvard University Press, dtsch. in: Praxis der strukturellen Familientherapie. Freiburg: Lambertus, 1983

PEDLER, M., BURGOYNE, J. & BOYDELL, T. The Learning Company. London-New York: McGraw-Hill, 1991

REED, Bruce D. & ARMSTRONG, D.G. Professional Management. London: Grubb Institute, 1988

RICE, A.K. Learning for Leadership. London:Tavistock, 1965

RIOCH, M. The A.K. RICE group relations conferences as a reflection of society. in: LAWRENCE, W.G. (ed). Exploring Individual and Organizational Boundaries. London-New York: Wiley, 1979

SELVINI-PALAZZOLI, Mara, BOSCOLO, Luigi, CECCHIN, Gianfranco & PRATA, Giuliana. Paradox and Counterparadox. New York: Jason Aronson, 1978, dtsch. Paradoxon und Gegenparadoxon. Stuttgart: Klett-Cotta, 1977

SELVINI-PALAZZOLI, Mara, BOSCOLO, Luigi, CECCHIN, Gianfranco & PRATA, Giuliana. Hypothesizing – circularity – neutrality. Three guidelines for the conductor of the session. Fam.Proc. 19(1): 3-12, 1980, dtsch. Hypothetisieren – Zirkularität – Neutralität. Familiendynamik 6(2): 123-139, 1981

SENGE, Peter M. The Fifth Discipline: The Art and Practice of the Learning Organization. London: Century, 1990

SIMON, Fritz B., STIERLIN, Helm & WYNNE, Lyman. The Language of Family Therapy. New York: Family Process Press

SKYNNER, Robin. Institutes and How to Survive Them. London: Methuen, 1989

SMITH, K.K. & BERG, D.N. Paradoxes of Group Life. San Francisco-London: Jossey-Bass, 1987

TOMM, Karl. Circular interviewing: a multifaceted clinical tool. in: CAMPBELL, David & DRAPER, Rosalind (eds). Applications of the Milan Approach to Family Therapy. London: Grune & Stratton, 1985

TOMM, Karl. Interventive Interviewing. unv. Konferenz-Manuskript, 1988

TORBERT, William R. The Power of Balance: Transforming Self, Society and Scientific Enquiry. Newbury Park-London: Sage, 1991

TORBERT, William R. & FISHER, D. Autobiographical awareness as a catalyst for managerial and organizational learning. Management Education and Development 23 (Part 3): 184-198, 1992

WATZLAWICK, Paul, BEAVIN, Janet H. & JACKSON, Don D. The Pragmatics of Human Commuication. New York-London: Norton, 1967, dtsch. Menschliche Kommunikation. Bern-Stuttgart-Wien: Huber, 1990[8]

WATZLAWICK, Paul, WEAKLAND, John & FISCH, Richard. Change: Principles of Problem Formation and Problem Resolution. New York: Norton, dtsch. Lösungen. Bern-Stuttgart-Wien: Huber, 1974

WHITE, Michael & EPSTON, David. Narrative Means to Therapeutic Ends. New York-London: Norton, dtsch. Die Zähmung der Monster. Heidelberg: Cl.Auer, 1990

WIENER, Norbert. The Human Use of Human Beings. New York: Avon, 1954/1967

WILDEN, Anthony. Systems and Structure. London: Tavistock, 1972

WYNNE, Lyman, McDANIEL, Susan H. & WEBER, Timothy, T. Systems Consultation: A New Perspective for Family Therapy. New York: Guilford, 1986

ZOHAR, D. The Quantum Self. London: Bloomsbury, 1990

Personenverzeichnis

Archimedes - 92;
Armstrong - 32; 128;
Argyris - 34;
Austen - 49;

Bateson - 19; 27; 29; 54; 67; 81f.; 121; 124ff; 130;
Bavelas - 124;
Bazalgette - 33; 111;
Berg - 120; 124;
Berne - 58;
Bion - 82;
Bleich - 74;
Borwick - 17;
Boscolo - 17; 27; 66;
Boxer - 18; 131;
Boydell - 33;
Bruggen - 40f.;
Burgoyne - 33;

Campbell - 17f.; 101f.; 122; 147;
Capra - 18;
Carroll - 37; 101;
Cecchin - 17; 27; 30; 66f.; 77; 79;
Checkland - 40;
Cooper - 89;
Cronen - 60; 90; 138; 146;
Cross - 73;

Donne - 35; 121;
Draper - 101f.; 122;

Eliot - 129;
English - 112;
Epston - 88;
Evans - 148;

Fisch - 44;
Fisher - 34; 122;

Freire - 12;
Frensch - 33;
Freud - 129f.;

Garlick - 39;
Garratt - 33; 59;
Gia-Fu Feng - 112;
Greenburg - 125;
Gustafson - 88f.; 129;

Haley - 102;
Hampden-Turner - 18; 21; 34; 101; 108; 136; 138ff;
Hare - 45;
Hargens - 10f.;
Hein - 37;
Huffington - 101; 122;

Jackson - 124;
Jelzin - 35; 61f.;

Keeney - 29f.; 121; 129;
Kingsley - 40;

Laing - 130;
Lang - 18;
Lao Tsu - 111;
Levenson - 130;
Little - 18;

Marris - 119; 122;
Maturana - 18; 32; 68; 76;
McCaughan - 9ff; 17; 57; 113;
McDaniel - 17;
Menzies-Lyth - 120;
Miller, A. - 122;
Miller, E.J. - 31f.; 120; 128; 130;
Minuchin - 102;
Morgan - 18; 30; 32; 34; 119;

Newton - 129;
Nurse - 132;

O'Brien - 40f.;
Odysseus - 136;

Palmer - 9 ff; 17f.; 25; 30; 32; 39; 41; 43; 57; 63; 131; 133; 148;
Papp - 102f.; 107f.; 114;
Pearce - 60; 90; 138; 146;
Pedler - 33;
Prata - 17; 27; 66;
Pym - 146;

Reed - 17f.; 32; 128;
Rice - 31f.; 120; 128; 130;
Rioch - 128;
Ruzkoj - 61;

Sacerdoti - 11;
Schmidt - 73;
Schon - 34;
Selvini-Palazzoli - 17f.; 27; 66f.; 101f.; 123f.;
Senge - 18; 23; 39; 42f.; 73; 83ff; 101; 114; 130; 132ff; 146;

Simon - 103;
Skynner - 122;
Smith - 120; 124;
Stierlin - 103;

Tomm - 18; 66; 68;

Torbert - 18; 34; 101; 122;
Trist - 31;
Tuck - 45;

Varela - 32; 76;
Vitruvius - 92;

Watzlawick - 18; 44f.; 80f.; 89; 124ff; 136;
Weakland - 44;
Weber - 17;
White - 88;
Wiener - 29;
Wilden - 120; 124;
Wilk - 52;
Wynne - 17; 101; 103;

Zohar - 121;

Sachverzeichnis

Abklären - 16;
Änderung - 35;
Änderung ohne Chaos - 18;
Änderungsgeschwindigkeit - 24;
Ansatzpunkt - 114ff;
Ärger - 94ff;
Ansprechpartner - 92ff; 103;
  Klient - 93f.;
  Klienten-System - 92f.;
  Konsultant - 95f.;
  Autopoiese - 32f.;

Bedeutungen - 59ff; 120f.;
Befragen - 16;
Behälter - 31f.;
Beobachtung - 27; 117;
Bescheidenheit - 9; 140;
Beschützen - 58;
Beschwerde - 41;

Coordinated Management of
  Meaning - 60f.; 90;

Di-Lemma - 136ff;
Doppelbindung - 124;

Ebenen - 58;
erklären - 78;
Erzählung - 51;
Experiment - 93;

„Fakten" - 51;
Falle - 38f.;
Feedback, s. Rückkopplung
Feststecken -22; 136;
Fragen - 49ff;
  aus der Beobachterperspektive - 68f.;
  kontextverändernde Fr. - 69;
  Prozeß unterbrechende Fr. 70;
  zukunftsorientierte Fr. - 69f.;
Fragetypen - 65ff;
  reflexive Fr. - 68ff;
  vergleichende Fr. - 65f.;
  zirkuläre Fr. - 66f.;
Funktionsstörung - 41;

Geist - 49; 130;
gesagt, wie - gewußt, wie - 15;
Geschichte(n)49; 88ff;
Gewinn und Verlust - 71;
Glaubensannahmen - 34; 59;

Hypothesen - 73ff; 92ff; 115;
  linear und zirkulär - 78ff
  und Handlung - 127;
Hypothetisieren - 16; 27; 67; 75ff;

Identität - 32; 34; 119f.;
Illusion - 30;
Individuum - Person - 120ff;
Interaktion (smuster) - 27; 34;
Intervention - 11; 16; 27; 47f.;
  Ausarbeiten von I. - 139f.;
  direkte I. - 103ff; 112f.;
  einschränkende I. - 111f.;
  paradoxe I. - 107f;
  umdeutende I. - 108f.;
  verschreibende I. - 109f.;
Intimität - 59;

Klagender - 116f.;
komplementär - 81;
Komplexität - 22f.; 42f; 79;
  Detail-K. - 43;
  dynamische K. - 43;

157

Konflikt - 34ff;
konstruieren - 48;
Konsultation, Abschnitte - 16;
Konsultationsübung - 141ff;
Kontext - 42; 60; 62f.; 89f.
Ko-Operation - 22; 34;
Kreislauf - 19; 54; 131;

Lernmethoden - 146f.;
linear - 21; 28ff;
Lösung - 34; 38; 134;
Logik - 102f.;

Macht - 56ff;
Mehrdeutigkeit - 63;
mehr desselben - 45; 80;
meta - 77f.; 131;
Metapher - 31;
Modell (-Bildung) - 27; 31;
Muster - 53; 56; 67;

Netzwerk - 34;
Neugier - 77f.; 147;
Neutralität - 67;
Nützlichkeit - 101;

Organisation - 30ff;
    und Lernen - 33f.; 132;

Paradox - 12; 101ff; 123ff;
Person - Individuum - 120ff;
Perspektive - 24;
Politik - 22;
positionieren - 47;
positive Konnotation - 91; 123;
Problem - 37ff; 44; 78;
    auspacken - 50f.;
    entproblematisieren - 43ff;
    hartes und weiches - 40;
    machen - 42;
    und Interaktion - 38;

Qualität - 21;

Realität - 30;
Regeln - 64; 86ff;
rekursiv - 29f.; 32;
respektieren - 79;
Rückkopplung - 9; 27ff; 54; 78; 80ff;
    komplexere R. - 85f.;
    negative R. - 83ff.;
    positive R. - 80ff;

Schismogenese - 80ff;
Schuld - 38f.; 115; 123;
Schwierigkeit - 44;
Spaß - 53;
Spiel, spielerisch - 10; 127; 147f.;
Sprache 30; 101f.;
    Nomen und Verben - 40;
Stolperstein - 96;
Sündenbock - 52;
symmetrisch - 81;
System, offen, geschlossen - 31ff;
System-Archetypen - 83; 132ff; 146;
systemisches Denken - 26ff;
    psychodynamisch - 128ff;
    rekursiv - 128ff;
systemisches Fragen - 53 ff;

Team - 25ff;
Teil und Ganzes - 26;
    Überzeugungen - 110f.;
umdeuten - 89ff;
unbewußt, Unbewußtes - 128ff;
Ursache-Wirkung - 9; 19; 67; 74;

Verzögerung - 83f.;
Viabilität - 32;
Video-Beschreibung - 52;

Wahrheit - 73; 96;
Weisheit - 49; 124; 130f.;
Werte - 63;
widersetzen - 34; 107;
Wieder-Erzählen - 10; 74ff; 94;
wirklich - 30;
Wissenschaft - 73;

Zeit - 64f.;
Ziele - 34;
zirkulär, Zirkularität - 9; 21; 28ff; 54ff; 67;
zuhören - 47ff;
Zusammenarbeit - 25; 34ff;

Ihre Praxis ist unser Programm!

Insoo Kim Berg / Norman H. Reuss
Lösungen – Schritt für Schritt
Handbuch zur Behandlung von Drogenmißbrauch
◆ 1999, 240 S., Format DIN A5, br
ISBN 3-8080-0440-1, Bestell-Nr. 4319,
DM/sFr 44,00, ÖS 330,–

Peter De Jong / Insoo Kim Berg
Lösungen (er-)finden
Das Werkstattbuch der lösungsorientierten Kurztherapie
◆ 3. Aufl. 2001, 368 S., Format DIN A5, gebunden,
ISBN 3-8080-0398-7, Bestell-Nr. 4317,
DM/sFr 49,80, ÖS 374,–

Ben Furman
Es ist nie zu spät, eine glückliche Kindheit zu haben
◆ 2. Aufl. 2000, 104 S., Format DIN A5, br
ISBN 3-86145-173-5, Bestell-Nr. 8398,
DM/sFr 29,80, ÖS 224,–

Steven Friedman
Effektive Psychotherapie
Wirksam handeln bei begrenzten Ressourcen
◆ 1999, 360 S., Format DIN A5, gebunden
ISBN 3-8080-0431-2, Bestell-Nr. 4318,
DM/sFr 44,00, ÖS 330,–

Jürgen Hargens / Arist von Schlippe (Hrsg.)
Das Spiel der Ideen
Reflektierendes Team und systemische Praxis
◆ 1998, 240 S., Format DIN A5, br
ISBN 3-86145-157-3, Bestell-Nr. 8393,
DM/sFr 38,00, ÖS 285,–

Nano McCaughan / Barry Palmer
Leiten und leiden
Systemisches Denken für genervte Führungskräfte
◆ 2., verb. Aufl. 1997, 160 S., Format DIN A5, br
ISBN 3-86145-148-4, Bestell-Nr. 8372,
DM/sFr 36,00, ÖS 270,–

Sabine Mehne
Fingerspitzen*gefühl*
Plädoyer für systemische Medizin am Beispiel der Systemischen Physiotherapie SYS PT
◆ 1999, 120 S., Format DIN A5, br
ISBN 3-86145-187-5, Bestell-Nr. 8129,
DM/sFr 29,80, ÖS 224,–

Bill O'Hanlon / Sandy Beadle
Das wär' was!
Ein Wegweiser ins Möglichkeiten-Land
51 Methoden für eine kurze und respektvolle Therapie
◆ 1998, 96 S., Format DIN A5, Ringbindung,
ISBN 3-86145-151-4, Bestell-Nr. 8389,
DM/sFr 29,80, ÖS 224,–

Ulrich Rohmann
„Manchmal könnte ich Dich ..."
Auch starke Kinder kann man erziehen, man muß nur wissen wie!
So erziehe ich spielerisch mit Freude
◆ 2. Aufl. 1999, 144 S., Format DIN A5, br
ISBN 3-86145-174-3,
Bestell-Nr. 8399,
DM/sFr 29,80, ÖS 224,–

Jürgen Hargens (Hrsg.)
Gastgeber hilfreicher Gespräche
Wir haben Ihnen geholfen?!
Was haben wir von Ihnen gelernt?
◆ 2000, 216 S., Format DIN A5, br
ISBN 3-86145-194-8, Bestell-Nr. 8307,
DM/sFr 34,00, ÖS 255,–

Wolfgang Schwarzer / Alexander Trost (Hrsg.)
Psychiatrie und Psychotherapie
für psycho-soziale und pädagogische Berufe
◆ 1999, 440 S., Format 16x23cm, gebunden
ISBN 3-86145-117-4, Bestell-Nr. 8205,
DM/sFr 44,00, ÖS 330,–

Manfred Vogt-Hillmann / Wolfgang Burr (Hrsg.)
Kinderleichte Lösungen
Lösungsorientierte Kreative Kindertherapie
◆ 2., verb. Aufl. 2000, 256 S., Format DIN A5, br
ISBN 3-86145-209-X, Bestell-Nr. 8396,
DM/sFr 39,80, ÖS 299,–

Wir liefern portofrei auf Rechnung — *FAX oder Anruf genügt!*

 verlag modernes lernen *borgmann publishing*

Hohe Straße 39 • D-44139 Dortmund • Tel. (0180) 534 01 30 • FAX (0180) 534 01 20
http://www.verlag-modernes-lernen.de • e-mail: info@verlag-modernes-lernen.de